Påven Leo X

Två Bullor mot Martin Luther

FSC
www.fsc.org
MIX
Papper från
ansvarsfulla källor
Paper from
responsible sources
FSC® C105338

Heresiarken Martin Luther med en hebreisk bok (efter en målning av den av lutheranerna ofta anlitade konstnären Lucas Cranach d.y.)

Svenska Katolska Akademiens Handlingar nr 10

Acta Academiae Catholicae Suecanae X

PÅVEN LEO X

TVÅ BULLOR MOT MARTIN LUTHER

Exsurge Domine
och
Decet Romanum Pontificem

översättning från latinet
av Erik Persson

SVENSKA KATOLSKA AKADEMIEN
— Academia Catholica Suecana —

2:a korrigerade och förbättrade upplagan (1:a uppl. 2016)

Förlag: BoD - Books on Demand, Stockholm, Sverige
Tryck: BoD - Books on Demand, Norderstedt, Tyskland
ISBN: 978-91-7699-749-9

Innehållsförteckning

Inledning (av Erik Persson)

Den helige fadern Leo X utfärdade den 15 juni 1520 sin berömda varningsbulla *Exsurge Domine* mot den rebelliske augustinermunken och professorn i Wittenberg Martin Luther och hans irrläror, eller närmare bestämt 41 utvalda teser bland dessa, sedan Luthers uttalanden och skrifter noga granskats och prövats av olika romerska kommissioner i nära samråd med påven.[1] I dessa ingick några av samtidens mest välbekanta och lärda teologer och kännare av Luthers skrifter och läror såsom kardinal Cajetanus, som på påvens uppdrag försökt tala Luther till rätta i oktober 1518 i samband med riksdagen eller "dieten" i Augsburg, kardinal Accolti, en av sin tids främsta experter på kanonisk rätt, och Johann Eck, som disputerat mot Luthers vapendragare Andreas Karlstadt och Luther själv i den berömda Leipzigdisputationen på slottet Pleißenburg i Leipzig sommaren 1519, varvid Luther öppet framträtt som försvarare av en rad radikala heretiska eller eljest teologiskt dubiösa åsikter om skärselden, avlaten, botgöringens sakrament, påvens och kyrkomötenas auktoritet, "sola scriptura" o.s.v.[2] I sammanhanget drog man också nytta av de teologiska granskningar av

---

[1] Se t.ex. Remigius Bäumer: *Der Lutherprozeß*, i Remigius Bäumer, Erwin Iserloh, Hermann Täuchle (utg.): *Lutherprozess und Lutherbann: Vorgeschichte, Ergebnis, Nachwirkung,* Katholisches Leben und Kirchenreform im Zeitalter der Glaubensspaltung, Heft 32, Verlag Aschendorff, Münster, 1972, ss. 18-48.

[2] Se t.ex. Remigius Bäumer: *Martin Luther und der Papſt,* 4:e uppl., Katholisches Leben und Kirchenreform im Zeitalter der Glaubensspaltung, Heft 30, Aschendorff, Münster 1970, s. 49ff.

Luthers läror som nyligen företagits vid de teologiska fakulteterna i Köln och Louvain.

Av de 41 i *Exsurge Domine* fördömda artiklarna kommer flertalet från Luthers *Disputatio pro declaratione virtutis indulgentiarum*, d.v.s. de 95 teser om, eller snarare mot, avlaten, som Luther jämte ett följebrev skickade till Albrecht av Brandenburg, biskop av Mainz, den 31 oktober 1517 och också enligt Melanchthons - av forskarna omstridda - uppgift skall ha spikat upp på kyrkporten till slottskyrkan i Wittenberg samma dag; av de resterande artiklarna är många hämtade från disputationen med Eck i Leipzig 1519. Samtliga teser utom

Figur 1. *Editio princeps av Leo X:s bulla mot Martin Luther (Rom 1520)*

en torde vara regelrätta citat av Luthers yttranden; också den tes (nr 25) som man icke lyckats belägga i ordagrann form hos Luther avspeglar givetvis hans kända åsikter.

I varningsbullan ges Luther 60 dagar att återta sina irrläror och bränna sina förgripliga skrifter. Detta gjorde den sturske reformatorn ju som bekant ingalunda, utan istället valde han att till trycket befordra en strid ström av ursinniga stridsskrifter och pamfletter med titlar som *Adversus Execrabilem Antichristi Bullam (Mot Antikrists avskyvärda bulla)*, där han bekände sig till ständigt nya heretiska läromeningar, och att, som ett yttersta bevis på sitt förakt för Kyrkan, den kristna tron och påven, den 10 december 1520 i Wittenberg offentligt bränna påvens encyklika jämte vissa andra skrifter, bl.a. delar av *Corpus Iuris Canonici*. Leo X lät inte svaret dröja, utan bannlyste Luther och hans anhängare genom bannbullan *Decet Romanum Pontificem*, utfärdad den 3 januari 1521.

Dessa två bullor, som nu för första gången görs tillgängliga på svenska språket, kan sägas utgöra startskottet för motreformationen med dess kritik och polemik mot lutherdomen, protestantismen och reformationen, ja, i förlängningen för hela den kontrarevolutionära, antimodärna, reaktionära katolska kampen mot revolutionen och den revolutionära förstörelse av Europa och kristenheten som sattes i rullning genom Luther och reformationen. Då Luthers egna ståndpunkter vid denna tidpunkt fortfarande var ganska outvecklade och bullorna tillkom i viss hast p.g.a. det kritiska läge som uppstått genom den lutherska agitationen och de mäktiga krafter och tillskyndare som ställde sig bakom denna, blir dess kritik av lutherdomen oundvikligen något rapsodisk. Det var därför inte heller möjligt att, som Cajetanus tänkt sig, i bullan göra skillnad mellan de olika graderna av förgriplighet för varje enskild artikel, som där fördömdes, utan dessa förklarades "alla och envar" för "heretiska eller skandalösa eller falska eller anstötliga för fromma öron eller förledande för enkla själar och i strid med den katolska sanningen", något som dock inte gör fördömandet mindre kraftfullt såsom vissa tillskyndare av modärna ekumeniska idéer tycks vilja göra gällande. Den stora katolska uppgörelsen med reformationens idéer kommer istället till stånd genom det tridentinska konciliet 1545-1563, i vars dekret, sammanfattade i Pius IV:s berömda trosbekännelse (också känd som den "tridentinska trosbekännelsen")[3] och S:t Pius V:s likaledes berömda katekes (även känd som den "tridentinska" eller helt enkelt "romerska" katekesen) slutgiltigt klargörs vad som är katolsk lära i de olika stridsfrågorna.[4] Ett särskilt rekommendabelt och för gemene man lättillgängligt verk, vari ohållbarheten i de protestantiska sekternas motstridiga läror blottläggs, är för övrigt de av S:t Frans' av Sales författade "kontroverserna", som alla protestanter, som har någon form av kristen tro kvar, borde studera och begrunda.[5]

Detta innebär givetvis inte att Leo X:s encyklikor mot Luther är ointressanta eller irrelevanta; tvärtom är de både som teologiska och historiska dokument utomordentligt viktiga och värdefulla, ja, en av historiens verkliga vattendelare. De 41 fördömda teserna ger också en utmärkt sammanfattning av vad striden i dess tidigare skeden handlade om på det rent teologiska planet, bl.a. synd och nåd, bikten, avlaten, skärselden, människans förmåga att låta bli att synda, påvens och kyrkomötenas auktoritet, bannlysningsinstrumentets giltighet och en rad andra frågor, där Luther, till synes med stort

---

[3] Denna publicerades för första gången i Pius IV:s bulla *Iniunctum nobis* den 13 november 1564. Den återfinns i svensk översättning i Pastor J. P. E. Benelius (utg.): *Oremus: Katolsk bönbok för den offentliga gudstjänsten och till enskildt bruk*, Stockholm, 1909, ss. 749-752. Översättningen har här medtagits jämte den latinska originaltexten i ett särskilt appendix; se nedan s. 73ff. Denna trosbekännelse plägade bl.a. uppläsas av konvertiter i samband med upptagningen i den katolska kyrkan, något som sedan 1967 dock inte längre är brukligt.

[4] *Catechism of the Council of Trent for Parish Priests Issued by Order of Pope Pius V*, TAN Books and Publishers, 1982

[5] St. Francis de Sales: *The Catholic Controversy: St. Francis de Sales' Defense of the Faith*, TAN Books and Publishers, 1989

lättsinne p.g.a. något infall, valde att frondera mot Kyrkans lära och tradition. Vad som framför allt framstår som tydligt är den vildsinta subjektivism och godtycklighet som den egensinnige och impulsive Luther hängav sig åt i sina teologiska yttranden, där han sedan han avsagt sig Kyrkan och Traditionen som rättesnören drev omkring som en flotte på stormigt hav, jagad av omständigheternas demoner till ständigt nya teologiska innovationer, och också i mångt och mycket blev en bricka i ett spel som drevs av dunkla krafter som han kanske själv endast i begränsad utsträckning ägde någon insikt om.

I sitt mäktiga verk om den katolska modärnismen och neo-modärnismen *Iota Unum* försöker den italienske filosofen Romano Amerio i ett par kärnfulla avsnitt sammanfatta innebörden av Luthers heresi.[6] Denna består enligt denne inte främst i ett förnekande av en eller annan katolsk doktrin, utan av vad Amerio kallar den "katolska principen", själva grunden för allt katolskt tänkande, nämligen Kyrkans gudomliga auktoritet, som kommer sig av att Hon är grundad av Kristus och har erhållit uppdrag och därmed auktoritet av Honom. Genom Kyrkan blir Uppenbarelsen (d.v.s. Bibeln) och Traditionen auktoritativa för alla katoliker, och det är också Kyrkan som fastslår vad som är den riktiga interpretationen av dessa troskällor. Luther förlägger med sitt "sola scriptura", "skriften allena", istället den högsta auktoriteten till individen och hans samvete och omdöme, som nu blir

---

[6] Romano Amerio: *Iota Unum: A Study of the Changes in the Catholic Church in the XXth Century*, Sarto House, 2004 (1:a eng. upplagan 1996) s. 22ff. Jag vill tacka fader Håkan Lindström för att ha gjort mig uppmärksam på denna passage.

den som avgör vad som skall vara normerande. Tron blir en fiduciär akt och inte längre att hålla för sant allt det som Kyrkan lär, varigenom all objektiv gudomlig auktoritet undanröjs och ersätts med subjektivism och det individuella samvetet som högsta norm. I encyklikan *Exsurge Domine* är det, menar Amerio, särskilt de fördömda artiklarna 27 och i synnerhet 29 som handlar om detta (se s. 48 nedan):

XXVII. Det är säkert att det överhuvud inte är i Kyrkans hand eller i påvens att upprätta trosartiklar, än mindre lagar för sederna eller goda gärningar. ...

XXIX. En väg har banats för oss för att göra kyrkomötenas auktoritet om intet och fritt gensäga deras beslut och sätta oss till doms över deras dekret och frimodigt bekänna vadhelst som synes sant, vare sig det är godkänt eller fördömt av vilket kyrkomöte det vara må.

Så här summerar Amerio sina slutsatser om lutherdomen:

In conclusion, the soul of the Lutheran secession was not a question of indulgences, the Mass, the sacraments, the Papacy, priestly celibacy, or the predestination and justification of the sinner: it was an intolerance that the human race carries about fixed fast in its heart and which Luther had the daring to manifest openly: the intolerance of authority. Because the Church is the collective historical body of the God-Man, it draws its organic unity from a divine principle. In such a context, what could man be, but a part, living by unity with that principle and by obedience to it? The man who breaks that link loses the forming principle of the Christian religion.

Det kan noteras att i encyklikan sammanfattas koncist andemeningen i Luthers 41 fördömda fel så här (se s. 50 nedan):

Ty ur dessa samma fel eller något eller några av dem följer uppenbart att samma Kyrka, som styrs av den Helige Ande, felar eller alltid har felat.

I själva verket är Luthers apostasi att förstå som ett centralt moment i den långa revolt mot Jesus Kristus och Hans Kyrka som nått sin fullbordan i det stora modärna avfallet från kristendomen och som ytterst kan ledas tillbaka till de ledande judiska grupper, som möter oss som Kristi fiender i evangelierna, d.v.s. fariséerna, sadducéerna, översteprästerna och de skriftlärde, och deras avvisande av Jesus Kristus som Messias och konung över folken, samhällena och själarna, kort sagt deras uppror mot Guds plan för vår frälsning och mot det gudomliga Logos självt jämte den därur härrörande ordningen i världen och naturen likaväl som sedelagen, mot vilka ju också Lucifer, som den förste subjektivisten, individualisten och relativisten, revolterade i tidernas begynnelse.

Intressant nog tycks Luther själv ha insett och givit uttryck för vart den teologiska subjektivismen och individualismen skulle komma att leda i en predikan *Sermo in vincula S. Petri*, som han höll den 1 augusti 1516, d.v.s. c:a ett år innan han påbörjade sin upproriska kampanj mot avlaten:[7]

---

[7] *D. Martin Luthers Werke: Kritische Gesamtausgabe*, 1. Band, Hermann Böhlau, Weimar, 1883 s. 69. På latin lyder predikan så:

Quaecumque ligaveritis super terram &c. Nisi Christus omnem potestatem suam dedisset homini, nulla fuisset Ecclesia perfecta, quia nullus ordo, cum quilibet vellet dicere, se ex Spiritu S. tactum. Sic fecerunt Haeretici, ac sic quilibet proprium principium erigeret essentque tot Ecclesiae quot capita. Itaque nullam potestatem vult exercere nisi per hominem et homini traditam, ut

"Allt, vad I binden på jorden etc." (Matt. 18:18) Om inte Kristus hade givit all Sin makt till en människa, skulle inte Kyrkan ha varit fullkomlig, ty det hade inte funnits någon ordning, då vem som helst skulle vilja hävda sig vara ledd av den Helige Ande. Så gjorde kättarna och på så vis uppställde var och en sin egen princip och det blev lika många kyrkor som huvuden. Därför ville Han inte utöva någon makt annat än genom en människa och överantvardad till en människa, för att alla skall samlas till en enhet. Men denna makt har han gjort så till den grad stark att han mot den uppväckt världens och helvetets hela makt, såsom han säger: "helvetets portar skola icke överväldiga henne" (Matt 16:18), som om han ville säga: "de skall strida och ävlas, men de skall icke överväldiga henne", för att det skall bli tydligt att denna makt kommer från Gud och inte från människor. Det finns inget skäl för dem som undandrar sig denna makts enhet och ordning att prisa sig själva för sina stora illuminationer och sina underverk som våra piccarder och andra schismatiker och snillehuvuden, "ty lydnad är bättre än slaktoffer av dårar som inte veta vad ont de göra." (Pred. 4:17)

Att Luther således med vett och vilja och mot bättre vetande kastade sig in i ett sådant uppror mot Kristi kyrka och Kristi ställföreträdare på jorden förefaller ostridigt och kastar ett märkligt ljus över hans personlighet, ja, leder snarast tankar-

---

omnes in unum congregaret. Hanc autem potestatem adeo confirmavit, ut contra eam suscitaret omnem potestatem mundi et inferni, sicut dicit: portae inferni non praevalebunt adversus eam, quasi diceret 'pugnabunt et excitabuntur, sed non praevalebunt', ut notum fiat, hanc potestatem a Deo esse et non ex hominibus. Qui se ergo ab hac unitate et ordine potestatis subtrahunt, nihil est quod sibi plaudunt de magnis illuminationibus et miris operibus, ut nostri Piccardi et alii Schismatici atque Capitosi. Melior est enim obedientia quam victimae stultorum, qui nesciunt, quid mali faciunt.

na till hans samtida doktor Johann Faust, som ju enligt en
känd tradition sålde sin själ till just helvetets makter för diverse
världsliga förmåner. Luther berättar själv i den lilla

Figur 2. Martin Luther som djävulens säckpipa, karikatyr av Eduard Schoen från c:a 1535

skriften *De missa privata et unctione sacerdotum (Om privatmässan och den prästerliga smörjningen)*, översatt till latin av hans medarbetare Justus Jonas och tryckt i Wittenberg 1534, hur djävulen en natt uppenbarade sig för honom och försåg honom med argument för att undergräva Kyrkans lära om mässan, det katolska prästadömet och diverse andra katolska läror. Uppenbarelsen skall enligt Luthers egen utsago ha ägt rum femton år efter hans prästvigning 1507, d.v.s. ungefär vid tiden för bannlysningen eller strax därefter.[8] Denna skrift citeras sällan av dagens lutheranska apologeter - eller för den delen av katolska entusiaster för ekumenik med protestanter och för den protestantiserade "novus ordo"-mässan.

Martin Luthers (1483-1546) levnad, karaktär och personlighet har varit föremål för intensiv polemik mellan katoliker

---

[8] Se även vol. 7 i Luthers *Opera*, Thomas Klug, Wittenberg, 1558, uppslag 228ff. En fransk översättning jämte kommentar återfinns i *La Conférence entre Luther et le Diable au sujet de la Messe racontée par Luther lui-même*, Isidore Liseux, 1875, som även finns tillgänglig i faksimilupplaga från Éditions Saint-Rémi.

och protestanter under århundradena. Vi kan inte här närmare gå in på detta omfattande ämne, utan får nöja oss med några hållpunkter och ber i övrigt att få hänvisa till den katolska litteraturen härom; särskilt rekommenderas Msgr Patrick F. O'Hare: *The Facts about Luther*, som på många punkter är mycket klargörande och därtill avfattad i en lättillgänglig och medryckande stil.[9]

---

[9] Msgr Patrick F. O'Hare: *The Facts about Luther*, TAN Books and Publishers, 1987 (1:a uppl. F. Pustet & Co., New York & Cincinnati, 1916). Msgr O'Hare bygger i mångt och mycket på och populariserar resultaten i de stora tyska katolska standardverken i ämnet, författade av lärdomsgiganterna Janssen, Denifle och Grisar: Johannes Janssen: *Geschichte des deutschen Volkes seit dem Ausgang des Mittelalters*, Vol. I-VIII, Herder'sche Verlagshandlung, Freiburg im Breisgau, 1878-1894, Heinrich Denifle (jämte i del 2 Albert Maria Weiß): *Luther und Luthertum in der ersten Entwicklung*, 2:a uppl., Band 1-2 (i 3 vol.), Franz Kirchheim Verlag, Mainz, 1904-1906 och Hartmann Grisar: *Luther*, Band I-III, Herder, Freiburg im Breisgau, 1911-1912. En annan populär sammanfattning av Luthers levnad och verk, baserad på hans egna utsagor, är Paulus Deusdedit (utg.): *Luther: Wie er lebte, leibte und starb*, 3:e uppl., Gotthard AG, 2009, något omarbetad efter Lavoslav Gregorec (utg.): *Luther, wie er lebte, leibte und starb, nach unwiderleglichen Berichten dargestellt: Streitschrift gegen die "Los von Rom"-Pastoren*, L. A. Brosche, Marburg, 1903 (översatt från kroatiskan), som i sin tur bygger på ett annat monumentalverk, nämligen Georg Gotthilf Evers (utg.): *Martin Luther: Lebens- und Charakterbild von ihm selbst gezeichnet in seinen eignen Schriften und Correspondenzen*, Vol. I-VI, Franz Kirchheim, Mainz, 1883-1891. Evers var i själva verket en luthersk pastor som 1880, efter noggranna studier av Luthers verk och reformationens historia, avsagt sig ämbetet som pastor och konverterat till den katolska tron. Ilona Oertl (utg.): *Martin Luther – Wegbereiter des Antichristen*, Teil 1-3, Pro Fide Catholica, 2012-2014 är i huvudsak en kompilation av äldre katolsk Luther-kritik, bl.a. ett verk av P. Andreas Hamerle, C.S.S.R.

Bland nyare verk märks Albert Mock: *Abschied von Luther*, Luthe-Verlag, Köln, 1985, Paul Hacker: *Das ICH im Glauben bei Martin Luther: Der*

Luthers i många avseenden föga gudliga levnadssätt och den världslighet, råhet, vulgaritet och våldsamhet (jfr tyskans "Lutherzorn") som karakteriserar många av hans yttranden är ju påfallande och gör också ofta hans försvarare och beundrare illa till mods, och det förefaller när man betraktar dessa märkligt att han känt sig kallad att bli munk. I själva verket inträffade hans inträde i augustinereremiternas orden den 7 juli 1505 mycket plötsligt och till stor häpnad för hans vänner och bekanta och tycks ha haft samband med en gåtfull händelse. Om denna har han själv givit motsägelsefulla och troligen avsiktligt vilseledande besked, men en tysk fors-

---

Ursprung der anthropozentrischen Religion, 2:a uppl. (1:a uppl. 1966), nova & vetera, 2002, Theobald Beers olika skrifter i ämnet, t.ex. *Der fröhliche Wechsel und Streit: Grundzüge der Theologie Martin Luthers*, 2:a uppl., (1:a uppl. 1974), Johannes-Verlag, Einsiedeln, 1980 och Theobald Beer: *Luthers Theologie – eine Autobiographie*, Heftreihe der Gustav-Siewerth-Akademie, Heft 1, 3:e uppl., 2013, Paul Josef Jakobius: *Die Wahrheit über Luther: Protestantismus auf Sand gebaut*, Salvator Mundi, Altötting, 2012, Fr. Jean-Michel Gleize: *Luther's True Face*, DeReggio Ltd., 2017 (1:a fr. uppl. 2006, 2:a fr. uppl. 2017) samt, ehuru inte ett katolskt verk, Eric Voegelin: *Luther und Calvin: Die große Verwirrung*, Wilhelm Fink, Paderborn, 2011.

Luthers katolske kritiker och antagonist Johannes Cochlaeus' klassiska skildring av Luthers levnad finns numera tillgänglig i engelsk språkdräkt: Johannes Cochlaeus: *The Deeds and Writings of Martin Luther from the Year of the Lord 1517 to the Year 1546 Related Chronologically to all Posterity*, i Elizabeth Vandiver, Ralph Keen, Thomas D. Frazel (utg.): *Luther's Lives: Two Contemporary Accounts of Martin Luther*, Manchester University Press, 2002, ss. 53-351. Cochlaeus hade själv uppsökt Luther och debatterat med honom, men blev övertygad om att han var en gudlös och ondskefull person. Se Remigius Bäumer: *Johannes Cochlaeus (1479-1552): Leben und Werk im Dienst der katholischen Reform*, Katholisches Leben und Kirchenreform im Zeitalter der Glaubensspaltung, Heft 40, Aschendorff, Münster, 1980.

kare vid namn Dietrich Emme har efter noggranna studier menat sig kunna fastställa att det rörde sig om en duell, där den unge Luther dräpt en studentkamrat, och att Luther genom att bli munk helt enkelt ville utnyttja den asylrätt som rådde inom klostrets murar - Luther hade vid denna tid på sin faders inrådan just påbörjat juridikstudier vid universitetet i Erfurt.[10] Även Luthers fader Hans Luder tycks för övrigt i hastigt mod, i samband med ett gräl med en herde, ha begått dråp, varefter familjen skyndsamt bröt upp från sin dåvarande hemort, byn Mörha, där de ägde en liten gård och fadern istället påbörjade en - ganska framgångsrik - karriär som bergsman i Eisleben och Mansfeld.[11]

När Luther - efter en hejdundrande avskedsfest, där varken vin, kvinnor eller sång fattades - väl inträtt i klostret, stod det snart klart att han trots sina intensiva botövningar var föga skickad för detta levnadssätt och bl.a. gav prov på svår skrupulositet. Han uppträdde ibland besynnerligt och troddes av många av sina klosterbröder ha hemlig kommers med en de-

---

[10] Se O'Hare a.a. s. 36ff, Dietrich Emme: *Martin Luther: Seine Jugend- und Studentenzeit 1483-1505. Eine dokumentarische Darstellung mit 14 Tafeln und 1 Faltkarte*, 4. Aufl., Verlag Dietrich Emme, Regensburg, 1986, Dietrich Emme: *Martin Luthers Weg ins Kloster: Eine wissenschaftliche Untersuchung in Aufsätzen*, Verlag Dietrich Emme, Regensburg, 1991 och Dietrich Emme (utg. Richard Niedermeier): *Gesammelte Beiträge zur Biographie des jungen Martin Luther*, Patrimonium Verlag, 2015. En sammanfattning av Emmes argumentation på svenska ges i Gunilla Gren: *Martin Luthers "klosterkallelse": En studie av dokument som visar att Luther hamnat i kloster som asyl för dråp. Dietrich Emme: Martin Luthers väg in i klostret*, se http://www.katoliknu.se/html/artcl_luther.htm.

[11] O'Hare a.a. s. 24ff.

mon.[12] Eftersom han hade ett gott läshuvud och uppenbart var en högt begåvad och mycket energisk ung man rekommenderade ödesdigert nog hans biktfader, augustinereremiternas generalvikarie Johann von Staupitz, som av Cochlaeus beskrivs i mörka färger som en intrigant och illistig figur, honom teologistudier och en akademisk karriär, vilket 1508 förde honom till Wittenberg, den plats som alltsedan dess kommit att förknippas med hans namn. Där insöp han bl.a. den föga rekommendabla ockhamistiska nominalismen och andra modeläror, men återvände efter avlagd examen till klostret i Erfurt och gjorde också 1511 en resa till Rom i något ordensärende, varefter han åter styrde kosan till Wittenberg, där han 1512 blev doktor i teologi och därefter började föreläsa över Bibelns böcker och 1514 också befordrades till provincialvikarie inom sin orden.

Luther förblev länge ortodox, åtminstone till det yttre, och först hösten 1517 började han framträda som "reformator" genom sina 95 teser mot avlaten.[13] Cochlaeus menar att

---

[12] Cochlaeus a.a s. 55. Jfr även de liknande slutsatser som dras i Johannes Pistorius d.y: *Anatomiae Lvtheri Pars Prima*, Arnoldus Quentel, Köln, 1695 på grundval av en noggrann undersökning av Luthers egna skrifter. Se också Gerhard Schuder: *Martin Luther – Wechselbalg des Teufels und Vorreiter des Antichrists? Luthers Geburt in zeitgenössischen Polemiken und apokalyptischen Deutungen*, Lutherstudien II, MGS-Verlag, 2004

[13] Med avlat förstås Kyrkans efterskänkande av timliga syndastraff, d.v.s. syndastraff i denna världen och i skärselden. Kyrkan kan skänka avlat, då Hon förvaltar skatten av Kristi och helgonens förtjänster, ur vilken Hon öser, när Hon genom avlat utplånar syndastraffen hos Gud. Förutom att de olika villkor som är förknippade med avlaten ifråga måste vara uppfyllda, måste synderna vara ångrade och förlåtna, då det som efterskänkes

Luthers korståg mot avlaten i själva verket hade sin grund i
avund, i att hans egen orden augustinereremiterna - liksom
han själv och von Staupitz -, trots det förtjänstfulla arbete
denna orden tidigare nedlagt i sådana kampanjer, fått se sig
förbigångna av dominikanerna och deras berömde avlatspre-
dikant Johann Tetzel, när det gällde det ärofyllda uppdraget
att på påvens och furstebiskopen Albrechts av Brandenburg
uppdrag predika en avlatskampanj, vars intäkter bl.a. skulle
gå till det fortsatta byggandet på Peterskyrkan i Rom - i en-
lighet med gammal sed användes intäkterna från dylika kam-
panjer för något behjärtansvärt ändamål bestämt av den
kyrkliga överheten.[14] Själv utspred Luther dock senare påstå-
enden om en "illumination" om "sola gratia" som han skulle
ha erfarit i tornet till augustinerklostret i Wittenberg såsom
den avgörande vändpunkten i sin bana - ganska märkligt, då
han ju själv hade varnat just för sådana "illuminationer" i sin
ovan citerade predikan från den 1 augusti 1516. Luthers
kampanj och teser möttes med harm från dominikanerna
och Johann Tetzel, som författade 106 egna teser till försvar
för sin egen mer traditionella tolkning av Kyrkans lära om
avlaten.

Luther kallades 1518 till Rom för förhör, sedan hans teser av
biskop Albrecht av Brandenburg skickats dit för granskning
och där väckt stor konsternation, men lyckades med hjälp av
olika undanflykter och med stöd från Sachsens mäktige kur-
furste Fredrik "den vise", grundaren av universitetet i Wit-

är de timliga *Straffen,* inte själva synden. Se *Katolsk katekes för det apostoliska
vikariatet i Sverige,* Katolska bokförlaget, Stockholm, 1937, s. 117f.

[14] Cochlaeus a.a. s. 57ff

tenberg, hålla sig undan - Luthers vapenbroder, den intrigante von Staupitz hade nämligen lyckats innästla sig hos Fredrik som rådgivare. Efter påtryckningar gick dock Luther med på att förhöras av kardinal Cajetanus i samband med riksdagen i Augsburg i oktober 1518. Ett tag såg det ut som om han skulle låta sig övertalas att hålla sig stilla och förbli Kyrkan trogen, men hans stolthet fick honom snart att åter träda fram för att försvara sina idéer. Under den kritiska perioden fram till bannlysningen radikaliserades Luther kontinuerligt, till synes ofta som en följd av olika kapriser under de samtal och disputationer han var involverad i, t.ex. med kardinal Cajetanus i oktober 1518 och med Johannes Eck i Leipzig i juli 1519.

Han började nu också studera andra heretikers skrifter, bl.a. Wyclif och Hus, och trädde i kontakt med humanisterna, vars ytliga, till att börja med snarast stilistiskt-estetiskt motiverade, skolastikfientlighet radikaliserats under "striden om de judiska böckerna", där de som en man slutit upp bakom dessa böckers försvarare Johannes Reuchlin, som de räknade som en av de sina (se nedan s. 27), och förstås passade som hand i handske med Luthers eget groll med dominikanerna och även kanske med hans fäbless för franciskanen Wilhelm av Ockhams nominalism. En annan viktig inspirationskälla för Luther var en annan franciskan, Nicolaus av Lyra, vars omfattande bibelkommentar, som var en av de första dylika som kom ut i tryckt form, genomsyrades av rabbinska synpunkter och "bibelkritiska" ifrågasättanden av Vulgatas text så till den grad att han t.o.m. renderades öknamnet "simius Salomonis", Salomos apa. Luthers stora beroende av Lyra sammanfattas i den lustiga lilla versen:

Si Lyra non lyrasset, Lutherus non saltasset.[15]

Efter bannlysningen tog sig Luthers bana som heresiark en alltmer sinister vändning, där han i sin växande megalomani förkastade det ena efter det andra av kristendomens elementa. Han författade i rasande tempo en osannolik mängd vitriolfyllda och dryga utfall mot påven, "papisterna", den heliga mässan och det katolska prästadömet och klosterväsendet med dess kyskhetsideal, hävdade att goda gärningar och kamp mot synden alls inte behövdes för frälsningen utan att "tron allena" var nog, levde själv också efter sin sentens "pecca fortiter, sed fortius fide", "synda friskt, men tro friskare",[16] ja, drog sig inte ens för att angripa självaste dekalogen eller, när det passade honom, ändra Bibelns text eller rensa ut eller ifrågasätta hela böcker däri, som de deuterokanoniska böckerna resp. Esters bok, Pauli brev till hebréerna, Judas' och Jakobs brev och Uppenbarelseboken, då han där fann ett eller annat som icke passade med hans egna idéer. Inte heller drog han sig för att bryta de löften som han själv avgivit, när han blev munk, och att förleda andra till samma synd. Så äktade han 1525 den med hans egen hjälp från ett kloster, i eller bakom en silltunna, utsmugglade nunnan Katharina von Bora och bosatte sig med henne i augustinereremiternas kloster i Wittenberg, där han också höll sina beryktade, av vulgaritet och ursinne präglade, *Tischreden*. Inte heller avklingade hans raseri med åren: Ett av hans sista verk, *Wider das Papstum zu Rom vom Teuffel Gestifft (Mot det av djävulen*

---

[15] "Om Lyra inte spelat lyra, skulle Luther inte dansat."

[16] *D. Martin Luthers Werke: Kritische Gesamtausgabe: Briefwechsel,* 2. Band, Hermann Böhlau, Weimar, 1931 s. 372 (brev nr 424, Luther till Melanchthon 1 augusti 1521)

stiftade påvedömet), består i ett enda långt monotont vredes-
utbrott mot "den romerske Antikrist", fyllt med sådana råhe-
ter och obsceniteter att man inte kan låta bli att fråga sig om
dess upphovsman hade någon tillstymmelse till religion alls -
förutom svårartad egomani.

Låt oss nöja oss med detta om Martin Luther, vars närmare
öden fram till hans plötsliga död 1546[17] kan studeras i de av
oss ovan refererade biografiska verken, t.ex. Msgr O'Hares på

---

[17] Många rykten om vad som egentligen hänt vid Luthers död den 18 feb-
ruari 1546 i greven von Mansfelds *Stadtschloß* i Eisleben kom i omlopp,
t.ex. att den onde - liksom han enligt legenden gruvligen dödade dr Faust
- strypt honom när hans mått av illgärningar var fyllt eller att han, väl på
djävulens ingivelse, hängt sig i ett lakan i en sängstolpe. Det berättades
också att det från liket snart spred sig en vämjelig, outhärdlig stank och att
det vid begravningskortegen kretsade stora, ursinnigt kraxande korpar över
kistan. Se Paul Majunke: *Luthers Lebensende: Eine historische Untersuchung*,
5:e uppl., Verlag von Fl. Kupferberg, Mainz, 1891 s. 9ff (se även
http://kath-zdw.ch/maria/texte/luthers.lebensende.htm). Pater Majunke
anförde i denna och ytterligare ett antal studier, varav de flesta (inkl. ovan-
stående) finns samlade i Paul Majunke: *Paul Majunke's Gesammelte Luther-
Schriften*, Verlag von Fl. Kupferberg, Mainz, 1892, en rad omständigheter
som synes tala för att Luther verkligen begick självmord, något som på sin
tid väckte en hel del debatt i Tyskland, men inte vann något större bifall
ens bland katolska Luther-kritiker; t.ex. avfärdades detta som en legend i
Nikolaus Paulus: *Luthers Lebensende: eine kritische Untersuchung*, Herder,
Freiburg im Breisgau, 1898, mot vilken Paul Majunke: *Luthers Lebensende
nach N. Paulus*, 2:a uppl. Brodmann, Erfurt, 1898 dock riktar flera vägan-
de invändningar. Se även Christof Schubart: *Die Berichte über Luthers Tod
und Begräbnis: Texte und Untersuchungen*, H. Böhlau, Weimar, 1917 och
Ilona Oertl (utg.) (?): *Martin Luther – Wegbereiter des Antichristen. Teil 3:
Der Tod Martin Luthers: Natürlicher Tod, Selbstmord oder Mord?*, Pro Fide
Catholica, 2012, där olika teorier om Luthers slut diskuteras, bl.a. att ju-
darna skulle ha giftmördat honom.

många sätt läsvärda studie *The Facts about Luther.* Vid hans gravsarkofag i Wittenberg uppsattes som epitafium enligt hans egen önskan ett epigram som han själv diktat för ändamålet, ett vittnesbörd så gott som något om hans mot påven och katolicismen oförsonligt hatiska sinnelag:

Pestis eram vivens, moriens ero mors tua, Papa.[18]

Det förtjänar icke desto mindre att påpekas att sedan mitten av föregående århundrade en häpnadsväckande omsvängning, eller kanske snarare inversion, ägt rum i den katolska synen på Martin Luther, och i synnerhet då efter andra vatikankonciliet med dess närmast svärmiska ekumenism och tendenser till religiös indifferentism, såsom de t.ex. tar sig uttryck i dess dekret om ekumeniken, *Unitatis redintegratio.* Så kan man idag höra kardinaler och t.o.m. påvar lovprisa Luther i lyriska tongångar, samtidigt som de frotterar sig med lutheranska dignitärer i allsköns märkliga ekumeniska spektakel. Något pikant är att de stora pionjärerna för denna omvärdering av Luther inom katolicismen, Joseph Lortz och Adolf Herte, var bland de mycket få katolska teologer som också blev ivriga nationalsocialister, och att deras ekumenism och försök att rehabilitera Luther närmast är att förstå som ett försök att bidra till de nationalsocialistiska enhetssträvandena i det nya Tyskland.[19] I själva verket har särskilt Lortz'

---

[18] "I livet din pest jag var: när jag dör, påve, din död skall jag bli." Det cirkulerar något olika varianter av epigrammet ifråga. Gravmonumentet har senare modifierats och epigrammet därvid avlägsnats.

[19] Se Joseph Lortz: *Die Reformation in Deutschland,* Band I-II, Herder, Freiburg im Breisgau, 1939-40 och Adolf Herte: *Das katholische Lutherbild im Bann der Lutherkommentare des Cochläus,* Band I-III., Aschendorff,

skrifter övat ett betydande, för att inte säga ödesdigert, inflytande och utgör bl.a. en viktig inspirationskälla till just *Unitatis redintegratio* - att detta dekret alltså har sina idémässiga källflöden i tredje riket är det förstås idag dock inte så opportunt att påpeka…

På samma sätt som när det gäller Luthers levnad måste vi hänvisa till litteraturen, när det gäller bakgrunden och de djupare orsakerna till reformationen och det komplicerade förspelet därtill, där striden om de judiska skrifternas, främst Talmuds och allsköns kabbalistiska verks, förgriplighet mellan å ena sidan den från judendomen omvände katoliken Johannes Pfefferkorn och hans vapenbröder bland de dominikanska teologerna i Köln och Paris och å andra sidan humanisten, judaisten och kabbala-entusiasten Johannes Reuchlin, som via påven Leo X:s judiske livläkare Bonet de Lattes framgångsrikt intrigerade för sin och judarnas sak vid det påvliga hovet och för övrigt också var befryndad med Luthers bundsförvant Melanchthon och även stöddes av Luther själv, spelar en central roll.[20] Istället kan det vara på sin plats att här nämna något om Luthers motståndare och domare, påven Leo X.

Münster in Westfalen, 1943. Om dessa strävanden se Gerhard Schuder: *Das moderne katholische Lutherbild – Wird ganz Deutschland protestantisch?*, Lutherstudien I, MGS-Verlag, 1998 s. 72ff.

[20] Se Janssen a.a. vol. II, William Thomas Walsh: *Philip II*, Sheed & Ward, 1938 s. 239ff, E. Michael Jones: *The Jewish Revolutionary Spirit and Its Impact on the World*, Fidelity Press, 2008, s. 225ff, Louis Israel Newman: *Jewish Influence on Christian Reform Movements*, Columbia University Oriental Series, Vol. XXIII, Columbia University Press, 1925 s. 617ff et passim, David H. Price: *Johannes Reuchlin and the Campaign to Destroy Jewish Books*, Oxford University Press, Oxford, 2011 och även webbsajten

Leo X (1475-1521, påve 1513-1521), som var son till Florens berömde furste Lorenzo de' Medici, "il Magnifico", har ofta,

och väl inte helt utan skäl, beskrivits som mer av en praktälskande renässansfurste med många världsliga intressen - Rafaels mecenat, Peterskyrkans celebre byggherre, gynnare av sköna och lärda konster, musik, teater och poesi och även en ivrig jägare - än en stor teolog eller nitisk herde för sin katolska hjord. Om än hans intressen inte alltid främst gällde fromma värv och han efter familjen

Figur 3. Leo X avmålad av Rafael

---

http://www.library.illinois.edu/rbx/exhibitions/Reuchlin/index.html. Jfr också Hilaire Belloc: *How the Reformation Happened,* TAN Books and Publishers, Inc., 1992.

Reformatorerna erhöll på olika sätt stöd av judarna, vilka vid denna tid, sedan de fördrivits från den iberiska halvön, var satta under betydande press också i Tyskland bl.a. av Pfefferkorn och dominikanerna i Köln, som drev en kampanj för att Talmud, som ju innehåller åtskilliga grovt blasfemiska och antikristna partier, m.fl. anstötliga judiska skrifter skulle konfiskeras och brännas och även lyckades vinna kejsar Maximilians stöd härför, och jämväl den av Luther i avlatsstriden angripne Albrecht av Brandenburg, som 1515-16 försökt fördriva dem från Mainz, där han var ärkebiskop. Protestanterna och deras ledare betraktades därför ganska allmänt som i maskopi med judarna eller som "semi-Judaei", judaiserande irrlärare, och var i vissa fall (t.ex. Servetus) kanske själva av judisk börd. Luther hade först - säkert inte utan skäl - en högst sangvinisk syn på judarna, som dock i slutet av hans levnad slog över i sin motsats, särskilt i *Von den Jüden und jren Lügen,* Hans Lufft, Wittenberg, 1543. Jfr Oertl (utg.) (?) a.a. 2012.

Medicis sed lät sig omgivas av ett betydande antal "hovjudar",[21] som synes ha övat ett olyckligt inflytande särskilt i den nämnda striden om böckerna, som inledde reformationen, är hans ortodoxi, generositet, vänliga väsen och goda intentioner omvittnade av många. Han gjorde också en uppryckning av kardinalskollegiet som vid denna tid förvärldsligats och politiserats genom att till kardinaler utse många förtjänta, lojala och fromma personer och gjorde stora ansträngningar för att få till stånd ett korståg mot turkarna, som vid denna tid ryckte fram mot Centraleuropa.

Leo X utsattes efter sin död för en enastående och av den senare historiska forskningen som väsentligen grundlös avfärdad smutskastningskampanj från reformationens anhängare och andra till honom fientliga skribenter. Också en del mer sansade, katolska bedömare har gjort gällande att han inte kan frånkännas en viss skuld till reformationens katastrof, t.ex. genom att se genom fingrarna med de överdrifter som vissa avlatspredikanter gjorde sig skyldiga till och ff.a. genom att reagera för långsamt och för slappt på reformationens förspel, som han till att börja med avfärdade som "ett gräl mellan munkar". Mot det senare kan hävdas att få vid denna tid kunde ana vad dessa "munkgräl" skulle leda till och att Leo X till stora delar utan egen förskyllan var tvungen att lägga mycket kraft på det politiska spelet och olika krigiska förvecklingar i Italien och kring Kyrkostaten. När han till slut

---

[21] Om fenomenet se Selma Stern: *The Court Jew: A Contribution to the History of the Period of Absolutism in Central Europe*, The Jewish Publication Society of America, 1950 och Vivian B. Mann, Richard I, Cohen (utg.): *From Court Jews to the Rothschilds: Art, Patronage, and Power 1600–1800*, Prestel, New York & Munich, 1996.

insåg allvaret i situationen, inskred han också med betydande energi bl.a. genom de här översatta encyklikorna och genom att den 23 juni 1520 själv avgöra "striden om böckerna" till den Talmud-vänlige reformatorn Reuchlins och hans judiska gynnares nackdel. Strax härefter, den 1 december 1521, avled han mycket plötsligt, blott 46 år gammal, som det sägs av lunginflammation eller malaria.

Vad än orsaken till Leo X:s plötsliga död må ha varit, innebar denna att han slapp uppleva de katastrofala konsekvenserna av det protestantiska avfallet, vilka snart nog började göra sig gällande. Giriga furstar lockades förstås av utsikterna att kunna tillskansa sig Kyrkans och klostrens rikedomar och landamären och liderliga dylika av att enkelt kunna skifta gemål; Luther, Melanchthon och Bucer drog sig ju inte ens för att sanktionera bigami för Filip I av Hessen - den grekiska schismen har ju för övrigt också sin bakgrund i en furstlig önskan om omgifte, som dess heresiark Photios villigt tillmötesgick.[22] Att i själva verket moralisk anarki hotade som en följd av reformatorernas agitation blev snart uppenbart, t.ex. genom sådana händelser som *Sacco di Roma,* då en upprorisk soldatesk, huvudsakligen bestående av tyska lutheranska landsknektar och *moriscos,* under stor blodsutgjutelse och förstörelse plundrade Rom 1527,[23] och i synnerhet genom de blodiga bonderevolter som på 1520-talet utbröt i Tyskland, när Luthers och de andra reformatorernas revolutionära, subjektivistiska och relativistiska idéer spred sig bland befolkningens olika lager och hotade störta Tyskland och Europa i

---

[22] Se P. Adrian Fortescue: *Photios av Konstantinopel,* Skandinavisk Katolsk Tidskrift, Nr 4, 2015, ss. 263-274.

[23] Se Walsh a.a. s. 13ff.

ett kaos, som fick t.o.m. Luther att rygga tillbaka inför sitt verk. Ja, så till den grad ändrade han nu ståndpunkt att han, efter att först med sina irrläror ha uppviglat bönderna, nu i sann "Lutherzorn" manade furstarna:

Därför skall ni sönderkrossa, strypa, slakta ... som när man måste slå ihjäl en galen hund.[24]

Så här skriver den amerikanske historikern William Thomas Walsh om denna protestantisms anda:[25]

There was a spirit in Protestantism in its first phase that sought something more than freedom; it sought nothing less (and this was more evident in Calvinism than in Lutheranism) than the utter destruction of the Catholic Church. Here was a hatred that began manifesting itself by the burning of churches and convents, the violation of nuns, the torture and execution of priests, the defiling of the Cross and the unspeakable desecration of the Blessed Sacrament.

För Sveriges del, som genom Västerås' recess 1527 blev ett av de första rikena i världen som antog Luthers lära, blev resultatet till att börja med den makthungrige och råbarkade Gustaf Wasas på tyska legoknektar baserade våldsregemente med dess återkommande massakrer, avrättningsorgier och andra brutala metoder mot den tredskande katolska befolk-

---

[24] "Darumb sol hie zerschmeyssen, würgen und stechen ... als wenn man ainen tollen hund tod schlahen muß..." (Martinus Luther: *Wider die Mordischen und Reubischen Rotten der Bawren*, Wittenberg, 1525 s. 3).

[25] Walsh a.a. s. 243

ningen, närhelst denna till skydd av vad som var "gammalt och fornt" och ff.a. av den heliga mässan och sina älskade kyrkor satte sig till motvärn mot den otroligt girige "kung Gösta", alltid snar till att "rycka och kippa", och hans röverier av kyrksilver, monstranser, kyrkklockor, ljuskronor, skrudar, mässböcker, konstföremål, ja, allt av värde,[26] vilka han bl.a. begagnade för att - förutom att fylla sina egna skattkistor - betala av på den s.k. lybska gälden till köpmannen Hermann Israel (även Harmen Israhel eller Hermen Iserhel), som ordnat finansiering och militär hjälp till det uppror som 1521-1523 förde Wasa till makten och även spelat en viktig roll för reformationens genomförande i Lübeck.[27]

Otaliga kyrkor och kloster raserades, och resterna användes som byggnadsmaterial till de dystra vasaborgarna, i vilka ty-

---

[26] Se Magnus Nyman: *Förlorarnas historia: Katolskt liv i Sverige från Gustav Vasa till drottning Kristina*, Katolska bokförlaget, Uppsala, 1997 s. 84ff et passim, Hans Hellström: *"En avskyvärt elak man"? Nils Dacke i ny belysning*, Carlssons Bokförlag, Stockholm, 1999, Martin Berntsson: *Mässan och armborstet: Uppror och reformation i Sverige 1525-1544*, Artos, Skellefteå, 2010, Lars-Olof Larsson: *Gustav Vasa – landsfader eller tyrann*, 2:a uppl. (1:a uppl. 2002), Prisma, 2005 s. 188ff et passim, Sten Lindroth: *Svensk lärdomshistoria: Medeltiden, Reformationstiden*, P. A. Norstedt & Söner Förlag, Stockholm, 1975 s. 199ff, Kerstin Abukhanfusa, Jan Brunius, Solbritt Benneth (red.): *Helgerånet: Från mässböcker till munkepärmar*, Carlssons bokförlag i samarbete med Riksarkivet/Stockholms medeltidsmuseum, 1993 och Yves Gérardin: *Luther, Calvin, Ferry et le Lutherrorisme*, Éditions du Sel, 2017.

[27] Se Hans-Jürgen Vogtherr: *Der Schweden-Kaufmann Hermann Iserhel und Gustav Vasa*, Zeitschrift für Lübeckische Geschichte, Vol. 94, 2014, ss. 137–169 och Eskil Olán: *Judarna på svensk mark: Historien om israeliternas invandring till Sverige*, Bok- och konstförlaget Rex, Stockholm, 1924, s. 7f. Jfr även Walsh a.a. s. 233ff.

rannen och hans fogdar och drabanter förskansade sig. De
undersköna medeltida handskrifterna användes för att göra
omslag till fogdarnas räkenskaper eller rentav som förladd-
ning till mörsare och kanoner. Klosterväsendet och kloster-

*Figur 4. Vad som återstod av Allhelgonaklostrets kyrka i Lund 1676 enligt en
skiss av Erik Dahlberg. I Lund fanns före reformationen 27 kyrkor och 8
kloster; av dessa överlevde endast två kyrkor, Domkyrkan och Klosterkyrkan,
protestanternas härjningar.[28]*

kulturen, det andliga livets och den kristna kulturens lungor,
mötte snabbt sin undergång, domkapitlen, under medeltiden
sannskyldiga härdar för lärdom och andligt liv, berövades si-
na inkomster och tvinade bort, det på dessa och klostren ba-
serade utbildningsväsendet kollapsade och ett andligt och
kulturellt mörker, eller med adelsmannen Göran Gyltas ord
"en slem barbaries",[29] utbredde sig över landet - för att aldrig

---

[28] Se K Arne Blom: *Klosterstaden,* Föreningen Gamla Lund, Årsbok 83,
Lund, 2001.

[29] Lindroth a.a. s. 209

helt skingras. I en skrivelse klagade smålänningarna över kyrkoplundringen och den lutherska gudstjänstens torftighet: "Det snart var så ljuvt att gå i en öde skog som i en kyrka", vidare "ett barn kunde snart vid en dyngvagn vissla en mässa fram."[30] På likartat sätt raserade reformationen vad generationer byggt upp i form av kristen kultur i hela Norden och varhelst den eljest drog fram.[31]

På längre sikt fick, kan det med fog hävdas, reformationen än mer fatala konsekvenser: Europa, ja, hela den kristna världen splittrades, och som en följd av den galopperande subjektivism som Luther satt i rörelse förmerades snabbt de från Kyrkan sig avsöndrande sekterna in absurdum - idag existerar ju tusentals protestantiska sekter, en omständighet som i sig naturligen leder till skepticism, agnosticism, avfall och sekularisering. De ruskiga religionskrig, den vanvettiga vandalism och de bloddrypande förföljelser av katoliker som överallt följde i protestantismens spår, liksom den som en följd härav vid freden i Augsburg 1555 etablerade principen "cujus regio, ejus religio", varigenom fursten i praktiken överordnades Gud och implicit religionen - i god machiavellisk anda - gjordes till en form av cyniskt maktinstrument, bidrog förstås också till denna utveckling.

---

[30] Hans Hellström: *Nils Dacke: Den katolske bondehövdingen*, Birgittaföreningens skriftserie, nr. 3, Veritas Förlag, 2009, s. 50. Jfr även Berntson a.a. s. 244ff för en uttömmande analys av dessa yttranden.

[31] Se t.ex. Walsh a.a., William Cobbett: *A History of the Protestant "Reformation" in England and Ireland*, Part I-II, William Cobbet, London, 1826-1827, Eamon Duffy: *The Stripping of the Altars: Traditional Religion in England 1400-1580*, Yale University Press, 1992 och Gérardin a.a.

De logiska konsekvenserna av den protestantiska subjektivismen blev särskilt tydliga i reformationens mest radikala, kiliastiskt-profetiska urartningar som det vederdöparskräckvälde som 1532-1535 stegvis etablerades i staden Münster i Westfalen,[32] där under den självutnämnde "konungen av Sion" och "världshärskaren" Jan Bokelzoon, i själva verket en 25-årig skräddarlärling och värdshusvärd från Leiden, många av den modärna radikalismens mest karakteristiska ingredienser redan kunde iakttas, från jämlikhetskult, egendomskonfiskationer, kommunism, nudism, polygami, dryckes- och andra orgier och allmän moralisk anarki till mot kristna byggnader och konstverk riktad vandalism, blodig terror och mordorgier mot oliktänkande - med en särskild förkärlek för halshuggningar.[33]

Den lutherska subjektivismen fick förödande konsekvenser inom många olika områden, inte minst inom filosofien, där dock den nedåtgående spiralen redan inletts, bl.a. genom den vid denna tid grasserande nominalism, vars mest kände företrädare var - den 1328 bannlyste - franciskanen William av Ockham (c:a 1285-1347), och som Luther under sina studie-

---

[32] Den ovannämnde köpmannen Hermann Israel, som genom Gustaf Wasa berett vägen för den svenska reformationen och befrämjade reformationen även i Lübeck, härstammade just från Münster. Han beskylldes i samband med Lübeck-demagogen Jürgen Wullenwevers fall 1536 för att tillsammans med denne och ytterligare ett antal radikaler ha välvt planer på att i Lübeck införa ett vederdöparvälde liknande det i Münster.

[33] Se Jones a.a. s. 293ff och Walsh a.a. s. 353f. Standardverket om den radikala reformationen är George H. Williams: *The Radical Reformation*, 3:e uppl., Truman State University Press, 2000.

är insupit.[34] Att beskriva konsekvenserna av reformationen är i själva verket att skriva Västerlandets och kristenhetens undergångs historia från medeltidens storslagna katolska syntes till dagens nihilistiska kollaps, kort sagt revolutionens och "det stora avfallets" (2 Tess. 2:3) historia. För den som vill studera de olika faserna i detta utdragna sorgespel, finns en omfattande litteraturskatt att tillgå i den katolska kontrarevolutionära och reaktionära traditionen.[35]

---

[34] Se Jacques Maritain: *Three Reformers: Luther—Descartes—Rousseau,* Kennikat Press, 1970 (fr. *Trois réformateurs: Luther—Descartes—Rousseau,* Plon-Nourrit et cie, Paris, 1925), Jules Paquier: *Le Protestantisme Allemand: Kant, Luther, Nietzsche,* 10:e uppl., Bloud et Gay Éditeurs, Paris, 1915, Scott W. Hahn, Benjamin Wiker: *Politicizing The Bible: The Roots of Historical Criticism and the Secularization of Scripture 1300-1700,* The Crossroad Publishing Company, New York, 2013, Danilo Castellano: *Martin Luther: Le chant du coq de la modernité,* Éditions de l'Homme Nouveau 2017 och Brad S. Gregory: *The Unintended Reformation: How a Religious Revolution Secularized Society,* The Belknap Press of Harvard University Press, Cambridge & London, 2012. Jfr också Remigius Bäumer, Alma v. Stockhausen (utg.): *Luther und die Folgen für die Geistesgeschichte: Festschrift für Theobald Beer,* Gustav-Siewerth-Akademie, 1992, Albrecht Graf von Brandenstein-Zeppelin, Alma von Stockhausen (utg.): *Luther und die Folgen für die Geistes- und Naturwissenschaften,* Gustav-Siewerth-Akademie, 2001 och John C. Rao (utg.): *Luther and His Progeny: 500 Years of Protestantism & Its Consequences for Church, State, and Society,* Angelico Press, 2017.

[35] T.ex. Janssen a.a. och J-J. Gaume: *La Révolution, recherches historiques sur l'origine et la propagation du mal en Europe, depuis la Renaissance jusqu'à nos jours,* Vols. I-XII, Librairie catholique Emmanuel Vitte, 1856-1859. En värdefull, om än koncis, biografi över en av denna traditions främsta representanter, vari också ges en översikt över många av dennes föregångare, är Louis Medler: *Mgr Delassus (1836-1921): Face à la conjuration antichrétienne: Un maître contre-révolutionnaire,* Le Sel, « Nos maîtres », 2008. Jfr också Dominique Ancelle (pseud. Marguerite Oswald): *Galerie contre-révolutionnaire,* Tome I (allt som utkommit), Clovis, 2008.

Figur 5. "Luther och helgonen", målad av den katolska konstnärinnan Gisela Trapp 1941 (foto: Oscar Porath).[36]

Genom det andra vatikankonciliet, av den hyperradikala katolska skribenten Gunnel Vallquist en gång entusiastiskt ka-

---

[36] Gisela Trapp är utan tvekan Sveriges främsta katolska konstnärinna i modärn tid. Hon donerade också marken till och stod för stora delar av kostnaderna för uppförandet av S:t Clemens katolska kyrka i Helsingborg, på vars utformning och smyckande hon nedlade mycket av både omsorg och arbete. Ironiskt nog rönte efter andra vatikankonciliet hennes underbara, under stora mödor och med stor konstnärlig finess utförda målningar i denna kyrka samma öde som helgonen på hennes tavla - de överkalkades eller utrensades, när kyrkan 1966 renoverades i den konciliära neomodärnismens brutalistiska, vandalkalvinistiska smak. Se Birgitta Jönsson: *Gisela Trapp*, GAudete förlag, 2016 och Karin Gustavsson: *Gisela Trapp: Glimtar ur en konsulinnas liv*, Kring Kärnan Vol. 26, Årsbok 1997 från Helsingborgs Museiförening och Helsingborgs Museum, 1997, ss. 43-63.

rakteriserat som en "medreformation", och införandet av den s.k. "novus ordo"-mässan har de protestantiska principerna också trängt in i den katolska kyrkan och alltmer kommit att genomsyra denna - med på många sätt liknande tragiska, ja, fatala konsekvenser för katolicismen som reformationen hade för kristenheten i stort:[37]

Det snart var så ljuvt att gå i en öde skog som i en kyrka.

Vidare:

ett barn kunde snart vid en dyngvagn vissla en mässa fram.

Något måste till sist också sägas om själva översättningen. Under arbetet på denna har i första hand anlitats den text som 1967 publicerades i den sjätte upplagan av standardverket *Quellen zur Geschichte des Papsttums und des römischen Katholizismus,*[38] men då denna textutgåva tyvärr inte visat sig vara helt tillförlitlig i detaljerna har också flera andra utgåvor konsulterats.[39] De två encyklikorna är avfattade i tidens ut-

---

[37] Se t.ex. Kenneth C. Jones: *Index of Leading Catholic Indicators: The Church since Vatican II,* Roman Catholic Books, 2003. Om "novus ordo"-mässans lutheranska karaktär se S. E. Erzbischof Marcel Lefebvre: *Die Luthermesse,* Priesterbruderschaft St. Pius X, Stuttgart, s.a. (förordet daterat 1975). I *Cecilia: Katolsk psalmbok,* 3:e uppl., Stockholm, 1987 återfinns talande nog inte mindre än elva psalmer för vilka Martin Luther anges som författare - för ytterligare några anges han som tonsättare.

[38] Carl Mirbt, Kurt Aland (utg.): *Quellen zur Geschichte des Papsttums und des römischen Katholizismus,* Band I, J.C.B. Mohr (Paul Siebeck) in Tübingen, 1967, ss. 504-515.

[39] Handskrivna versioner av bullorna förvaras i Vatikanens och ganska många andra arkiv. Den första tryckta utgåvan som utkom av *Exsurge Domini* är Leo X: *Bulla contra errores Martini Lutheri & sequacium,* Per

studerade kurialstil med långa och komplicerade perioder, en förkärlek för vidlyftiga uppräkningar, standardiserade formu-

---

Iacobum Mazochium, Romae, 1520, varpå ett stort antal olika utgåvor med olika tryckorter, särskilt i Tyskland och Nederländerna, följde 1520-21. Den äldsta bevarade utgåvan av *Decet Romanum Pontificem* förefaller vara Leo X: *Bulla contra Martinum Lutherum, illiusq cõplices, fautores, & sequēces, ac alios sanctae fidei Christianae inimicos,* Apud Antonium Bladum Asulenum, Romae, 1546, vilken förmodligen trycktes med anledning av Luthers bortgång tidigare detta år.

Modärna kritiska utgåvor av bägge bullorna, baserade på de ovan nämnda äldsta tryckta utgåvorna, jämte Georg Spalatins tyska översättning av *Exsurge Domine* från 1520, återfinns i Erwin Iserloh, Peter Fabisch (utg.): *Dokumente zur Causa Lutheri (1517-1521). 2. Teil: Vom Augsburger Reichstag 1518 bis zum Wormser Edikt 1521,* Corpus Catholicorum, Vol. 42, Aschendorff, Münster, 1991, ss. 364-411 och ss. 457-467. Bland andra utgåvor som anlitats märks Laertius Cherubinus (utg.): *Magnum Bullarium Romanum a B. Leone Magno usque ad S.D.N. Innocentium X,* Tomus Primus, Sumptib. Philippi Borde, Laur. Arnaud, & Cl. Rigaud, Lugduni, 1655, ss. 614-619, Judocus Le Plat: *Monumentorum ad historiam Concilii Tridentini potissimum illustrandam spectantium amplissima collectio,* Tomus II, Ex Typographia Academica, Lovanii, 1782, ss. 60-72 och ss. 79-83 samt den på Mirbt/Aland baserade, men här och där korrigerade Leo Episcopus Servus Servorum Dei: *Bulla contra errores Martini Lutheri et sequacium/Bannandrohungsbulle Leo X. "Exsurge Domine", 15. Juni 1520,* http://www.efg-hohenstaufenstr.de/downloads/texte/exsurge_domine.ht ml. Även de något fria engelska översättningarna *Condemning the Errors of Martin Luther: Exsurge Domine; Bull of Pope Leo X issued June 15, 1520,* http://www.papalencyclicals.net/Leo10/l10exdom.htm (NB! ofullständig) och *Decet Romanum Pontificem: Papal Bull on the Condemnation and Excommunication of Martin Luther, the Heretic, and his Followers, January 3, 1521,* http://www.papalencyclicals.net/Leo10/l10decet.htm har konsulterats. Det har under arbetet kunnat noteras att Mirbt-Aland i *Exsurge Domine* påfallande ofta har övertagit oriktiga läsarter från Le Plat, som var känd för sina josefinistiska och jansenistiska sympatier och i vars text ganska godtyckliga - och kanske ibland tendentiösa - modifikationer understundom tycks ha insmugit sig.

leringar och klausuler av det slag som man i den anglosaxiska världen kallar "boilerplate" och en ohämmad användning av för kanslispråk typiska ornament som "förutnämnda", "sagda" o.s.v., vilket inte gör studiet av denna skrift helt lätt för en modärn läsare och också bereder översättaren en hel del svårigheter och bekymmer: En encyklika är ju inte vilken romantext som helst, utan ett teologiskt förbindande skriftstycke som rimligtvis bör översättas inte bara med noggrannhet och ackuratess, utan så ordagrant som möjligt för att inte skapa onödiga missförstånd och oklarheter. Av detta skäl har också på det hela taget största möjliga trohet mot grundtexten eftersträvats. Å andra sidan måste ju översättningen också gå att förstå, vilket i ett fåtal fall krävt att alltför komplexa perioder måst brytas upp i för det svenska språkets struktur avpassade, litet kortare och enklare meningar. Det faktum att så få översättningar av dessa trots allt så historiskt och teologiskt betydelsefulla encyklikor föreligger ens på de stora världsspråken torde åtminstone till en del också hänga samman med dessa omständigheter. Nu finns de i alla fall på svenska, lagom till 499-årsjubileet av det långdragna mordförsök på påven, katolicismen och kristenheten som Martin Luther genom sina teser påbörjade, vare sig han nu uppspikade dessa på porten till slottskyrkan i Wittenberg den 31/10 1517 eller ej!

Exsurge Domine

*Fördömande av Martin Luthers och hans anhängares irrläror
jämte en varning och uppfordran att de överger dessa.*

*Leo, biskop, Gud tjänares tjänare till evärdlig åminnelse i denna
sak.*

"Stå upp, Herre, och utför Din sak, kom ihåg smädelserna
mot Dig, dessa som utslungas hela dagen av dårarna:[40] Vänd
Ditt öra till våra böner[41]", ty rävar har upprest sig i akt och
mening att fördärva vingården, "vars vinpress Du ensam har
trampat",[42] och då Du skulle uppstiga till Fadern anförtrodde
Du omsorgen, styrelsen och förvaltningen av denna - en bild
för den triumferande Kyrkan - till Petrus såsom huvudet och
Din ställföreträdare och till hans efterföljare. "Vildsvinet från
skogen kämpar för att upprycka den och ensamgalten förtär
den."[43]

Stå upp, Petrus, och se för den ovannämnda av Gud Dig an-
förtrodda herdeomsorgens skull till den heliga romerska Kyr-
kans sak, Hon som är alla Kyrkors moder och trons lärarinna,
vilken du, på Guds befallning, helgat med ditt blod. Mot
henne, såsom du värdigats på förhand varna, uppreser sig
lögnaktiga lärare, införande fördärvets sekter, dragande över

---

[40] Ps. 74:22.

[41] Jfr Ps. 86:1.

[42] Jes. 63:3.

[43] Ps. 80:14.

sig själva en skyndsam undergång,[44] vilkas tunga är en eld, ett rastlöst ont, fullt av dödande gift: Dessa bröstar sig med ett bittert nit och grälsjuka i sina hjärtan och är lögnare mot sanningen.

Stå även du upp, beder vi, Paulus, som genom din lära och ditt därtill passande martyrium upplyst och smyckat Henne. Ty redan reser sig en ny Porfyrius, ty, liksom han fordom orättfärdigt bet de heliga apostlarna, så drar sig denne inte för att bita och sönderslita och, när han misströstar om sin sak, använda sig av glåpord mot våra föregångare de heliga påvarna, i strid med din lära inte anropande dem, utan smädande dem i enlighet med kättarnas sed, vilkas, som Hieronymus säger, sista tillflykt är att de, då de ser att deras sak är på väg att fördömas, begynner att utsprida ormgift med sin tunga och att, då de ser sig besegrade, fara ut i skymford. Ty om än du sagt att det är nödvändigt att kättare finns till de trognas prövning, är det likväl, för att de inte skall få tillväxt och för att de små rävarna inte skall sammangadda sig, nödvändigt att de genom ditt ingripande och din hjälp utsläcks i samma stund som de uppflammar.

Må till sist vart och ett av helgonen och den övriga universella Kyrkan stå upp. Vissa enligt heretikernas gamla sed självkloka, vilkas förstånd lögnens fader förblindat, utlägger under åsidosättande av Kyrkans sannfärdiga tolkning av de heliga skrifterna samma skrifter annorlunda än den Helige Ande fordrar, nej, fastmer förvränger och fördärvar dem för folk-

---

[44] I vissa utgåvor, bl.a. i den av Mirbt-Aland publicerade texten, står ”celebrem”, ”firad”, men detta är rimligtvis feltryck för ”celerem”, ”skyndsam”.

gunstens skull, noga taget av sin egen känsla av ärelystnad såsom aposteln intygar, så att det nu, för att tala med Hieronymus, inte är Kristi evangelium, utan människans, eller, vad värre är, djävulens.

Må ovannämnda Guds heliga Kyrka stå upp, säger jag, och jämte de ovannämnda heliga apostlarna medla hos den allsmäktige Guden för att Han, sedan irrlärorna borttvagits från Hans får och alla heresier fördrivits från de trognas länder, må värdigas bevara Sin heliga Kyrkas fred och enhet.

1. Ja, sedan länge har, vilket vi av själens ångest och sorg knappt förmår uttrycka, genom trovärdiga mäns vittnesbörd och det allmänna ryktet för oss rapporterats - nej fastmer, o smärta, med våra ögon sett och läst - många och olikartade irrläror, vissa redan fördömda av koncilierna och våra föregångares förordningar, även uttryckligen inbegripande grekernas heresi och den böhmiska heresien, andra åter respektive heretiska, falska, skandalösa, anstötliga för de frommas öron eller förledande för enkla själar. Dessa irrläror har på anstiftan av människosläktets fiende återuppväckts av vissa falska förärare av tron - vilka, av övermodig nyfikenhet fikande efter världens ära, i strid med apostelns lära vill vara klokare än vad som tillbörligt är, vilkas pratsjuka (som Hieronymus säger) utan skrifternas auktoritet skulle sakna trovärdighet, om de inte syntes styrka sin perversa lära jämväl med gudomliga, ehuru illa förstådda, vittnesbörd, och från vilkas ögon gudsfruktan avlägsnat sig - och har nyligen utspritts bland vissa lättingar i den frejdade tyska nationen.

Att detta har hänt där smärtar oss så mycket mer, då såväl vi som våra föregångare alltid i vårt innersta har hyst kärlek till samma nation. Ty efter den romerska Kyrkans överflyttande av imperiet från grekerna till samma tyskar har samma våra föregångare och vi alltid från dem erhållit samma Kyrkas hjälpare och försvarare. Det är allmänt bekant att dessa tyskar, sannerligen trogna den katolska sanningen,[45] alltid har varit heresiernas skarpaste motståndare, om vilken sak bär lovvärt vittnesbörd de tyska kejsarnas fordom framlagda och av våra föregångare bekräftade förordningar för Kyrkans frihet och för heretikernas fördrivande och utrotande från hela Tyskland vid äventyr av de gruvligaste straff, förlust av land och herradömen för dem som tar emot eller underlåter att förvisa dem. Om dessa hade iakttagits idag, hade vi och särskilt de själva sluppit detta obehag. Ett vittnesbörd är hussiternas, wyclifianernas och desslikes Hieronymus' av Prag vid konciliet i Konstans fördömda och bestraffade trolöshet. Ett vittnesbörd är tyskarnas så många gånger mot böhmarna utgjutna blod. Ett vittnesbörd är slutligen det inte mindre lärda än sanna och heliga vederläggandet, förkastandet och fördömandet av de förutnämnda irrlärorna, eller många av dem, genom universiteten i Köln och Louvain, de ju allra frommaste och mest hängivna odlarna av Herrens åker. Mycket annat skulle vi kunna åberopa, vilket vi menar måste utelämnas för att vi inte skall tyckas skriva en historiebok.

Av omsorg alltså om det oss av den gudomliga nåden ålagda herdeämbete, som vi utövar, kan vi på intet sätt längre tolerera eller ignorera de förutnämnda irrlärornas pestsmitta utan smälek för den kristna religionen och skada för den ortodoxa

---

[45] Passusen "Catholicae veritatis vere Germanos" innehåller en svåröversatt ordlek på "germanus" (trogen, tysk).

tron. Av dessa irrläror har vi kommit att hålla före att några skall anföras här, vars innebörd följer och är sådan:

2. I. Det är en heretisk, men mycket spridd åsikt att den nya lagens sakrament ger rättfärdiggörande nåd åt dem som inte uppställer något hinder.

II. Att förneka någon kvarvarande synd efter dopet hos ett barn är att samtidigt söndertrampa Paulus och Kristus.

III. Benägenhet för synd, även om inte någon aktuell synd föreligger, försenar själen som lämnar kroppen från att ingå i himmelen.

IV. Ofullkomlig kärlek hos en som skall dö för med nödvändighet med sig stor fruktan, som ensam är tillräcklig för att skapa skärseldens straff och fördröjer inträdet i Guds rike.

V. Att botgöringens delar är tre, sann ånger, bikt och tillfyllestgörelse, har inte sin grund i den Heliga Skrift och inte hos de forna heliga kristna kyrkolärarna.

VI. En ånger som förbereds genom rannsakan, erinran och avsky för synderna, varigenom någon betänker sina år i sin själs bitterhet genom att väga syndernas allvar, mångfald, skändlighet, förlusten av den eviga saligheten och förvärvandet av den eviga fördömelsen, denna ånger skapar en hycklare, nej, fastmer snarare en syndare.

VII. Detta är ett högst sanningsenligt talesätt och av alla den förträffligaste läran om ångern som hittills givits, att inte mera göra är den högsta botgöringen, att den bästa botgöringen är ett nytt liv.

VIII. Ingalunda må du understå dig att bikta veniala synder, men inte ens alla dödssynder, ty det är omöjligt att bikta alla dödssynder.[46] Av detta skäl biktades i urkyrkan endast uppenbara dödssynder.

IX. Så länge som vi vill bikta alla synder fullständigt, gör vi inget annat än att vi inte vill lämna något åt Guds barmhärtighet att förlåta.

X. Synderna är inte någon förlåtna, försåvitt inte denne, när prästen förlåter, tror att de förlåtits honom; nej, fastmer, synden består, försåvitt man inte tror den vara förlåten, ty förlåtelsen av synden och givandet av nåd är inte nog, utan man måste även tro synden vara förlåten.

XI. På intet vis må du förlita dig på att bli förlåten till följd av din ånger, utan till följd av Kristi ord "allt vad du löser"[47] etc. Förtrösta så, säger jag, om du erhåller prästens absolution, och tro fast dig vara förlåten, och du skall sannerligen vara förlåten, hur det än är med ångern.

XII. Om den biktande av oförmåga inte är ångerfull eller prästen inte ger denne avlösning på allvar, utan på skämt, är denne, om han likväl tror sig vara förlåten, sannerligen förlåten.

XIII. I botens sakrament och förlåtelsen av synder åstadkommer inte påven eller biskopen mer än den lägste präst; nej, fastmer, närhelst det inte finns någon präst, åstadkommer vilken kristen som helst lika mycket, även om det vore en kvinna eller ett barn.

---

[46] Mirbt-Aland har här "utan alla dödssynder, ty det är omöjligt att bikta alla veniala synder"), medan den text som föredragits här ("men inte ens alla dödssynder, ty det är omöjligt att bikta alla dödssynder") återfinns i de flesta andra utgåvor, däribland de äldsta.

[47] Matt. 16:19.

XIV. Ingen bör svara prästen att han är ångerfull och inte heller prästen undersöka det.[48]

XV. Deras misstag är stort som närmar sig eukaristiens sakrament stödjande sig därpå att de är biktade, att de inte vet med sig någon dödssynd, att de förrättat sina böner och förberedelser; alla dessa "äter och dricker sig själv domen",[49] men om de tror och förtröstar på att de där skall vinna nåd, gör denna tro allena dem rena och värdiga.

XVI. Det synes rådligt att Kyrkan i allmänt kyrkomöte fastsloge att lekmän bör kommunicera under bägge gestalterna, och böhmarna som kommunicerar under bägge gestalterna är inte kättare, utan schismatiker.

XVII. Kyrkans skatter, varur påven utdelar avlat, är inte Kristi och helgonens förtjänster.

XVIII. Avlater är fromma bedrägerier mot de troende och underlåtelser av goda gärningar[50] och är av deras tal som är lovliga, men inte av deras som gagnar.[51]

XIX. Avlater tjänar inte dem som i sanning eftersträvar dem till eftergift av det straff för aktuella synder vilket de ådragit sig hos den gudomliga rättvisan.

XX. De som tror att avlater är hälsosamma och gagneliga till andlig frukt är förförda.

XXI. Avlater är nödvändiga endast för offentliga brott och medges med rätta blott de hårda och otåliga.

---

[48] Mirbt-Aland har här istället "men prästen undersöka det".

[49] 1 Kor. 11:29.

[50] Mirbt-Aland har "goda mödor" istället för "goda gärningar".

[51] 1 Kor. 6:12.

XXII. För sex kategorier av människor är avlater vare sig nödvändiga eller nyttiga, nämligen döda eller döende, sjuka, legitimt förhindrade, dem som inte begått brott, dem som begått brott, men inte offentligt och dem som ägnar sig åt bättre saker.

XXIII. Bannlysningar är blott yttre straff och berövar inte människan Kyrkans gemensamma andliga böner.

XXIV. De kristna bör lära sig att mera älska än frukta bannlysningen.

XXV. Den romerske påven, Petri efterföljare, är inte Kristi ställföreträdare över hela världens alla kyrkor, insatt av Kristus själv genom den helige Petrus.

XXVI. Kristi ord till Petrus "allt, vad du löser på jorden"[52] etc. hänför sig noga taget till det som bundits av Petrus själv.

XXVII. Det är säkert att det överhuvud inte är i Kyrkans hand eller i påvens att upprätta trosartiklar, än mindre lagar för sederna eller goda gärningar.

XXVIII. Om påven tillsammans med en stor del av Kyrkan anser så eller så och inte i övrigt felar, är det ännu alltjämt inte synd eller heresi att anse motsatsen, i synnerhet inte i en sak som inte är nödvändig för saligheten, till dess att det ena blir fördömt och det andra gillat av ett allmänt kyrkomöte.

XXIX. En väg har banats för oss för att göra kyrkomötenas auktoritet om intet och fritt gensäga deras beslut och sätta oss till doms över deras dekret och frimodigt bekänna vadhelst som synes sant, vare sig det är godkänt eller fördömt av vilket kyrkomöte det vara må.

---

[52] Matt. 16:19.

XXX. Vissa av Johannes Hus' artiklar som fördömdes av kyrkomötet i Konstanz är högst kristliga, sanna och evangeliska, vilka inte ens den universella Kyrkan kan fördöma.

XXXI. I varje god gärning syndar den rättfärdige.

XXXII. En god gärning utförd på bästa sätt är en venial synd.

XXXIII. Att kättare bränns strider mot andens vilja.

XXXIV. Att kämpa mot turkarna är att motsätta sig Gud, när han hemsöker våra synder genom dem.

XXXV. Ingen är säker att inte alltid begå dödssynd på grund av övermodets djupt förborgade last.

XXXVI. Efter synden är fri vilja en ren förevändning, och så länge någon gör det som är i honom begår han dödssynd.

XXXVII. Skärselden kan inte bevisas ur helig skrift som ingår i kanon.

XXXVIII. Själarna i skärselden är inte säkra på sin frälsning, åtminstone inte alla, och det är inte bevisat med några sakskäl eller skriftställen att de är bortom ett tillstånd av förtjänst eller kärlekens förökande.[53]

XXXIX. Själarna i skärselden syndar utan avbrott, så länge som de söker vila och avskyr straffen.

XL. Själarna i skärselden som befrias genom de levandes hjälp är mindre saliga än om de själva uträttat tillfyllestgörelsen.

XLI. De kyrkliga prelaterna och världsliga furstarna skulle inte handla illa, om de utplånade tiggeriets alla penningpungar.

---

[53] Mirbt-Aland har "kärleksfullt handlande" i stället för "kärlekens förökande".

3. Ingen med sunt förstånd är okunnig om hur respektive pestbringande, fördärvliga, skandalösa och förledande för fromma och enkla själar dessa fel är och hur slutligen de står i strid mot all kärlek och all vördnad gentemot den heliga romerska Kyrkan, alla troendes moder och trons lärarinna, och mot den kyrkliga disciplinens livsnerv, nämligen lydnaden, som är källan och begynnelsen till alla dygder, utan vilken envar lätt överbevisas om att vara trolös. Vi är därför, vad gäller de ovannämnda felen, (som sig bör) mer benägna att framskrida som i utomordentligt allvarliga frågor och åstundar desslikes att stänga vägen för detta slags pestsmitta och kräftsjuka, för att inte på Herrens åker ett skadligt likasom törne ytterligare skall utbreda sig. Efter noggrann vägning, diskussion och strikt undersökning och moget övervägande av de förutnämnda felen och vart och ett av dessa och sedan allt vederbörligen övervägts och ganska ofta ventilerats med våra vördnadsvärda bröder, den heliga romerska Kyrkans kardinaler och priorerna eller generalministrarna för de reguljära ordnarna och många andra inom den heliga teologien och desslikes professorer och lärare i både civilrätt och den kanoniska lagen, och därtill de mest förfarna, finner vi, att dessa samma fel respektive (som ovan sagts) artiklar icke är katolska och att de icke får läras ut som sådana, utan att de strider mot den katolska Kyrkans lära eller tradition och den från Henne mottagna sanna tolkningen av de heliga skrifterna, med vars auktoritet Augustinus ansåg att man så borde giva sig till ro, att han sade att han inte skulle fästa tilltro till evangeliet om inte den katolska Kyrkans auktoritet borgat därför. Ty ur dessa samma fel eller något eller några av dem följer uppenbart att samma Kyrka, som styrs av den Helige Ande, felar eller alltid har felat. Detta står i strid med det som Kristus vid sin himmelsfärd lovade lärjungarna (såsom läses i Matteus' heliga

evangelium) genom att säga "jag är med eder alla dagar intill världens ände"[54] och mot de heliga kyrkofädernas avgöranden och även konciliernas och de heliga påvarnas uttryckliga förordningar eller regler. Att inte efterkomma dessa har, enligt Cyprianus' vittnesbörd, alltid varit fnösket och orsaken till alla heresier och schismer.

4. På inrådan och tillskyndan av samma våra vördnadsvärda bröder och efter förutnämnda mogna övervägande av alla och envar av de ovannämnda artiklarna fördömer, underkänner och förkastar vi helt och fullt med den Allsmäktige Gudens, de saliga apostlarna Petri och Pauli och vår egen auktoritet alla och envar av de ovannämnda artiklarna eller felen som (såsom nämnts) respektive heretiska eller skandalösa eller falska eller anstötliga för fromma öron eller förledande för enkla själar och i strid med den katolska sanningen, och att de måste hållas för fördömda, underkända och förkastade av alla kristtrogna av bäggedera kön beslutar och förklarar vi genom denna uppräkning av dem.

Vi förbjuder dessa i kraft av den heliga lydnaden och vid äventyr av automatisk större bannlysning[55] och desslikes för kyrkliga personer eller ordenspersoner vid äventyr av förlust

---

[54] Matt. 28:20.

[55] Man skilde vid denna tid mellan mindre och större bannlysning, *excommunicatio minor* och *major*. Den förra innebar i princip att den bannlyste uteslöts från sakramenten, medan den senare medförde en rad ytterligare sanktioner som i detalj beskrivs i bullan. *Excommunicatio latae sententiae*, "automatisk bannlysning", drabbar den som begår en viss handling automatiskt utan dom, medan *excommunicatio ferendae sententiae* förutsätter ett domstolsförfarande.

av och obehörighet till både föreståndarskap och alla slags ämbetsvärdigheter i alla biskopliga, även patriark-, metropolit- och andra kyrkliga katedraler och också i klostren och även konventen eller av kyrkliga, sekulära eller vilka reguljära det vara må[56] beneficier och obehörighet till att i framtiden erhålla andra; vad beträffar konvent, kapitel eller hus eller heliga platser tillhöriga sekulärklerkerna och reguljärordnarna, även tiggarordnarna, och desslikes universiteten, ävensom *Studia generalia,* vid äventyr av obehörighet till varje privilegieindult som innehafts eller erhållits av den apostoliska stolen eller dess legater eller på något annat sätt, av vilken oavbruten hävd de än finns till, och desslikes till namn och myndighet att hålla *Studium generale,* föreläsa och utlägga vilken vetenskap och disciplin det vara må och till att i framtiden erhålla andra dylika, även till predikoämbetet och av förlust av *Studium generale* och alla dess privilegier; vad beträffar sekulära personer vid äventyr av samma exkommunikation och desslikes till förlust av varje ärvd förpaktning och varje förläning erhållen såväl av den heliga romerska Kyrkan som på vad annat sätt det än vara må och även obehörighet till att i framtiden erhålla dessa och andra; och desslikes vad beträffar alla och envar ovan nämnda vid äventyr av förbud för kyrklig begravning och uteslutning från alla legitima [kyrkliga] handlingar, av vanfrejd, av [vasallers] lösande från tro och loven och av majestätsbrott och, om de (bort det!) handlar här-

---

[56] I den kyrkliga terminologien används ofta "sekulär" för präster eller klerker som inte tillhör någon orden eller religiöst institut och lever i världen ("saeculum"), medan "reguljär" står för dem som tillhör en orden och således efter att ha avlagt löften om kyskhet, fattigdom och lydnad följer en viss ordensregel och lever i en religiös kommunitet.

emot, av att automatiskt och utan ytterligare förklaring genom alla och envar av de ovannämnda[57] ådraga sig de för heretikerna och för deras gynnare i lag stadgade straffen, från vilka de, förutom i dödsstunden, inte kan lösas i kraft av vems det vara må myndighet och av de villkor som ålagts dem genom vilka biktfäder det nu vara må med vilka formuleringar i ord det vara må, utan endast av den romerske påven eller en annan som genom särskild utnämning för detta har sin myndighet från denne. Alla kristtrogna av båda könen, såväl lekmän som klerker, sekulära och reguljära, av vilka ordnar det vara må, och vilka andra personer det vara må, av vilken rang, grad eller ställning de vara må, och med vilken kyrklig eller världslig värdighet de än må glänsa, även den heliga katolska Kyrkans kardinaler, patriarker, primater, ärkebiskopar, biskopar, prelater i patriark- metropolit- och andra katedraler, kollegiatskyrkor och mindre kyrkor, klerker, andra kyrkliga personer, sekulärpräster och reguljärpräster av vilken orden det vara må, även tiggarordnarna, abbotar, priorer, general- och partikulärministrar, bröder eller ordenspersoner, med eller utan exemption,[58] även undervisningsanstalternas universitetssekulärer och vilken tiggarordens det vara må reguljärpräster och desslikes kungar, kejsaren, kurfurstar, prinsar, hertigar, markgrevar, grevar, baroner, länsherrar, arrendatorer, godsägare och alla ämbetsmän, domare, kyrkliga och världsliga notarier, kommuniteter, universitet, herravälden, städer, borgar, länder och platser, deras medborgare, invånare

---

[57] Syftningen av den i encyklikan ofta återkommande frasen "genom alla och envar av de ovannämnda" förefaller just här något oklar.

[58] "Exemption" är en form av undantag från det normala kyrkliga subordinationsförhållandet, t.ex. om en orden inte är underställd den lokale biskopen, utan lyder direkt under påven.

och inbyggare och vilka andra kyrkliga och reguljära personer (såsom tidigare nämnts) som finns överallt kring hela jordens krets och i synnerhet i Tyskland, eller de som allt efter omständigheterna kommer att finnas, är förbjudna att understå sig att omfatta, bejaka, försvara eller predika de ovannämnda felen eller några av dem och en pervers lära av detta slag eller på något sätt, offentligen eller i doldom, med vad utstuderad finurlighet det vara må, eller medelst svepskäl, tyst eller uttryckligen, gynna den.

5. Dessutom, eftersom de ovannämnda felen och många andra ingår i Martin Luthers böcker och skrifter, fördömer, underkänner och förkastar vi på liknande sätt helt och fullt sagda böcker och alla den sagde Martins skrifter eller predikningar på latin eller vilket som helst annat språk de återfinns på, i vilka de sagda felen eller några av dem ingår, och önskar att de må hållas för helt och hållet fördömda, underkända och förkastade (såsom sagts), bjudande i kraft av den heliga lydnaden och vid äventyr av de tidigare nämnda automatiskt ådragna straffen alla kristtrogna av bägge könen, som nämnts ovan, att icke understå sig att läsa, bejaka, predika, berömma, trycka, publicera eller försvara skrifter, böcker, predikningar eller flygblad av detta slag eller i dem ingående innehåll, kapitel, fel eller de ovannämnda artiklarna själva eller genom annan eller andra, direkt eller indirekt, tyst eller uttryckligen, offentligen eller i doldom, eller att förvara dem i sina hem eller på andra offentliga eller privata platser, nej, fastmer att dessa genast efter denna bullas publicerande, varhelst de må finnas, sedan de nogsamt eftersökts av ordinarierna och andra nämnda ovan, offentligen och högtidligen i prästerskapets och folkets närvaro vid äventyr av alla och envar av de ovannämnda straffen skall brännas.

6. Men vad Martin själv anbelangar, vad har vi (gode Gud) underlåtit, vad har vi inte gjort, vad har vi utelämnat av faderlig omsorg för att återkalla honom från fel av detta slag? Ty sedan vi instämt honom själv, inbjöd vi honom i akt och mening att behandla honom milt och förmanade honom såväl genom diverse förhandlingar företagna av vår legat som genom våra brev att ta avstånd från de tidigare omnämnda felen eller, sedan även fri lejd och pengar nödvändiga för resan erhållits, utan den fruktan eller skräck som den fullkomliga kärleken bör skicka bort, komma och efter vår Frälsares och aposteln Pauli exempel tala inte i doldom, utan öppet och ansikte mot ansikte.[59] Om han hade så gjort, skulle han, säkerligen (som vi menar) omvänd i sitt hjärta, ha insett sina fel och inte i den romerska kurian, vilken han så till den grad smädat genom att skänka mer tilltro till de ondsintas rykten än sig bör, funnit så många fel, och vi skulle med ett klarare ljus ha undervisat honom om att våra föregångare de heliga romerska påvarna, som han med orätt angriper bortom all måttfullhet, i sina regler eller förordningar, som han kämpar för att sönderslita, ingalunda tagit miste, ty, som profeten sade, "saknas i Gilead vare sig balsam eller läkare."[60]

7. Men han har alltid varit [o]hörsam,[61] och, sedan han mött den förutnämnda instämningen och alla och envar av de ovannämnda inviterna med förakt, försmådde han att komma och har varit tredsk ända till dags dato och har med för-

---

⁵⁹ Jfr Gal. 2:11.

[59] Jfr Gal. 2:11.

[60] Jer. 8:22.

[61] Lat. "Sed obaudivit semper", som finns i alla tryckta utgåvor av texten som konsulterats, är rimligtvis en felskrivning eller ett feltryck; snarare skulle man förvänta sig "Sed *in*obaudivit semper".

härdat sinne uthärdat förebråelserna mer än ett år. Och, vad
värre är, läggande ont till ont, har han, sedan han fått känne-
dom om instämningen, utbrustit i en förmäten vädjans rop
efter ett framtida kyrkomöte, i strid med våra företrädare
Pius II:s och Julius II:s förordning, vari stadgas att de som så
vädjar skall vara hemfallna åt heretikernas straff (fåfängt väd-
jar han även om ett kyrkomötes hjälp, han som öppet dekla-
rerar att han inte fäster tilltro till detta), så att vi utan ytterli-
gare instämning eller tövan kan fortskrida mot honom såsom
notoriskt misstänkt i en trossak, nej, fastmer i sanning såsom
kättare, till fördömelse och dom över honom såsom kättare
och till alla och envar av de ovannämnda straffens och repri-
mandernas stränghet.

8. Icke desto mindre har vi på inrådan av samma våra bröder,
efterliknande den allsmäktige Gudens mildhet, som inte vill
syndarens död, utan förr att han omvänder sig och lever,[62]
och glömska av alla de oss och den apostoliska stolen hittills
tillfogade oförrätterna, beslutat begagna all den barmhärtig-
het, vi är mäktiga, och så långt som det kommer an på oss,
handla, så att han sedan mildhetens väg föreslagits honom
skall omvända sig i sitt hjärta och ta avstånd från de förut
nämnda felen, för att vi välvilligt skall ta emot honom som
den förlorade sonen återvändande till Kyrkans hjord. Vi upp-
manar och ber därför av hela vårt hjärta samme Martin och
vilka som helst som ansluter sig till, tar emot eller gynnar
honom vid vår Guds barmhärtighets innersta och vid vår
Herres Jesu Kristi blods bestänkande, av och genom vilken
människosläktets försoning och vår moder den heliga Kyr-

---

[62] Hes. 33:11.

kans byggnad kommits åstad, att de skall avstå från att störa samma Kyrkas frid, enhet och sanning, för vilken Frälsaren själv så innerligt bad till Fadern, och avhålla sig från de förutnämnda så elakartade felen för att hos oss finna, om de faktiskt är hörsamma och genom legala dokument bestyrker att de hörsammat oss, den faderliga kärlekens ömhet och saktmodets och mildhetens öppna källa.

9. Vi förbinder icke desto mindre samme Martin från och med nu att under mellantiden avstå från all predikan eller predikoämbetet i sin helhet.

10. I annat fall, om till äventyrs kärleken till rättfärdigheten och dygden inte drar samme Martin bort från synden och inte hoppet om förlåtelse leder honom till botgöring, må fruktan för straffens tuktan driva honom: Genom föreliggande skrivelse avkräver och manar vi samme Martin och hans anhängare, kumpaner, gynnare och värdar i kraft av den heliga lydnaden och vid äventyr av alla och envar av de tidigare nämnda, automatiskt ådragna straffen och bjuder genom sträng befallning, att inom en tidsperiod av sextio dagar, av vilka vi tilldelar tjugo för den första, tjugo för den andra och ytterligare tjugo för den tredje och slutgiltiga tidsgränsen att räknas i följd omedelbart från anslåendet av föreliggande skrift på nedan nämnda platser, samme Martin och de tidigare nämnda anhängarna, kumpanerna, gynnarna och värdarna helt och hållet överger de förutnämnda felen, dessas predikande och publicerande och hävdande, ävensom försvar, och utgivandet av böcker eller skrifter om dem eller vissa av dem och att de uppbränner eller låter uppbränna alla böcker och skrifter som på vad sätt det vara må innehåller ovannämnda fel eller några av dem. Martin själv må även helt och

hållet återkalla alla fel och påståenden av detta slag och göra oss förvissade om återkallandet, så att inget spår av tvivel på hans sanna lydnad kan kvarstå, genom offentliga, i juridisk form giltiga, i två prelaters händer förseglade dokument, vilka måste översändas till oss inom andra likaledes sextio dagar, eller i egen hög person (om han vill komma till oss, vilket vi skulle föredra) med ovannämnda fullständiga fria lejd, vilken vi från och med nu medger måtte ges honom.

11. Annars, om (bort det) den förutnämnde Martin och de tidigare nämnda kumpanerna, gynnarna, anhängarna och värdarna handlar illa eller inte uppfyller alla och envar av de ovan angivna kraven inom den utsagda tidsfristen med avsett resultat, tar vi från och med nu liksom från begynnelsen till förebild apostelns lära, han som lärde att en kättare efter en första och andra varning bör skys, och förklarar å andra sidan med samma auktoritet samme Martin och de förutnämnda kumpanerna, anhängarna, gynnarna och värdarna och vem det vara må av dem - likasom torra grenar, som icke förbliver i Kristus, utan lär en den katolska tron motsatt, fientlig eller skandalös eller fördömd lära till icke ringa kränkning av det gudomliga majestätet och till skada och skandal för den universella Kyrkan och den katolska tron, under det att de även försmädar Kyrkans nycklar - ha varit och vara notoriska och hårdnackade kättare och fördömer dem som sådana genom denna skrivelse och vill och bjuder att de skall hållas för sådana av alla kristtrogna av bäggedera könen. Med föreliggande skrivelse underkastar vi alla och envar av dessa alla ovannämnda och andra mot slika av lagen stadgade straff och bedömer och förklarar dem ha varit och vara hemfallna åt dem.

12. Vi förbjuder för övrigt alla och envar ovan nämnda kristtrogna vid äventyr av ovannämnda automatiskt ådragna straff att själva eller genom annan eller andra, direkt eller indirekt, tyst eller uttryckligen, offentligen eller i doldom på vad sätt det vara må understå sig att läsa, förfäkta, predika, prisa, trycka, publicera eller försvara eller i sina hem eller på andra offentliga eller privata platser förvara skrifter författade eller utgivna eller som kommer att författas eller utges på vad sätt det vara må av samme Martin eller några av dessa, inte ens om de inte innehåller ovannämnda fel, nej, fastmer må de uppbränna dessa som tidigare sagts.

13. Vi manar dessutom alla ovannämnda kristtrogna vid äventyr av straff i form av automatisk exkommunikation att efter ovannämnda tidsfrists förfall sky de tidigare nämnda förklarade och fördömda, mot våra bud olydiga kättarna och, såvitt som det står i deras makt, låta sky dem och inte ha någon förbindelse, något umgänge eller gemenskap med dem och inte förse dem med livets nödtorft.

14. Vidare till större smälek för den nämnde Martin och hans tidigare nämnda kumpaner, gynnare, anhängare och värdar, sålunda efter den tidigare nämnda tidsfristens förfall förklarade och fördömda som kättare, bjuder vi alla kristtrogna av båda könen, patriarker, ärkebiskopar, biskopar, prelater i patriark- metropolit- och andra katedraler, kollegiatskyrkor och mindre kyrkor, kapitel, andra kyrkliga personer, sekulärpräster och reguljärpräster med eller utan exemption av vilken orden det vara må, även av tiggarordnarna (i synnerhet av denna kongregation, i vilken sagde Martin inträtt och sägs leva eller uppehålla sig), och desslikes alla furstar, med vilken kyrklig eller världslig värdighet de än må glänsa, kungar, kej-

saren, kurfurstar, hertigar, markgrevar, grevar, baroner, länsherrar, arrendatorer, godsägare, kommuniteter, universitet, herravälden, städer, länder och platser, deras invånare, medborgare, och inbyggare och alla andra ovannämnda överallt kring hela jordens krets och i synnerhet i Tyskland, att de själva, eller vem det vara må av dem, vid äventyr av alla och envar av de ovannämnda straffen, personligen tillfångatar den tidigare nämnde Martin, hans kumpaner, gynnare, anhängare och värdar och håller dem i förvar på vårt uppdrag och skickar dem till oss: För en sådan god gärning skall de få ersättning och en värdig belöning av oss och den apostoliska stolen. Eller åtminstone må alla och envar ovan nämnda, såväl klerker och reguljärpräster som lekmän, helt och hållet fördriva dem och vem det vara månde av dem från respektive metropolitkyrkor, katedraler, kollegiatskyrkor och andra kyrkor, hus, kloster, konvent, städer, besittningar, universitet, kommuniteter, borgar, länder och platser.

15. Men stater, besittningar, länder, borgar, lantgods, kantoner, fort, byar och städer och vilka platser det vara må, varhelst de må vara belägna och dessas respektive metropolit-, katedrals-, kollegiats- och andra kyrkor, kloster, priorat, hus, konvent och religiösa eller fromma platser av vilken orden de vara må, som sagts ovan, som det händer sig att den förutnämnde Martin eller någon av de förutnämnda rymmer till, underkastar vi kyrkligt interdikt så länge som de där uppehåller sig och tre dygn efter deras avfärd.

16. Och för att ovanstående skall bli känt för alla bjuder vi dessutom alla patriarker, ärkebiskopar, biskopar, prelater vid patriark-, metropolit- och andra katedraler och kollegiatskyrkor, kapitel och andra kyrkliga personer, sekulärpräster och

reguljärpräster, av vilken ovannämnd orden det vara må, ordensbröder och munkar med eller utan exemption, såsom ovan sagts, varhelst de befinner sig, men i synnerhet i Tyskland, att de själva eller vem det vara månde av dem vid äventyr av liknande automatiskt ådragna kyrkobestraffningar[63] och straff offentligen kungör och tillser och bjuder det kungöras av andra i sina kyrkor på söndagarna och andra festdagar, då därutinnan en stor hop folk samlas till gudstjänsten, att Martin och alla och envar som nämnts ovan, som då tidsfristen av detta slag gått ut inte efterkommit våra påbud och förmaningar, är förklarade som kättare och fördömda och strängt skall skys av alla.

17. Och desslikes på samma sätt för alla kristtrogna, att de må sky dem, vid äventyr av de tidigare nämnda kyrkobestraffningarna och straffen. Och föreliggande skrivelse eller avskrifter därav i nedan beskrivna form må de låta läsas, publiceras och anslås i sina kyrkor, kloster, hus, konvent och andra ställen. Och vi bannlyser även och förklarar under anatema alla och envar av vilken rang, grad ställning, preeminens, värdighet eller excellens de vara må som åstadkommer eller på något sätt tillser, själv eller genom någon annan eller andra, offentligen eller i doldom, direkt eller indirekt, tyst eller uttryckligen, att föreliggande skrivelse eller avskrifter eller kopior eller exemplar därav inte kan läsas, anslås eller publiceras i deras land eller besittningar.

18. Slutligen, eftersom det vore svårt att överbringa föreliggande skrivelse till alla enskilda platser, i vilka det skulle vara

---

[63] Lat. *censurae,* varmed i första rummet förstås kyrkostraffen suspension, interdikt och exkommunikation.

av nöden, vill vi och beslutar vi med apostolisk auktoritet att det allestädes må skänkas tilltro till och fullt förtroende tillmätas de kopior som gjorts därav och underskrivits av notarius publicus eller tryckts i den hulda staden[64] och försetts med någon kyrklig prelats sigill, så som det skulle skänkts tilltro till originalskrivelsen, om den hade uppvisats eller företetts.

19. Och för att den förutnämnde Martin och alla de andra ovannämnda, som på något sätt berörs av föreliggande skrivelse, inte skall kunna förebära okunnighet om denna skrivelse och allt enskilt som ingår i den, vill vi att själva skrivelsen anslås och publiceras på dörrarna i apostlafurstens basilika och det apostoliska kansliet och desslikes i katedralskyrkorna i Brandenburg, Meißen och Merseburg. När de förspörjer, att denna skrivelses publicering ägt rum, må de tvinga in den sagde Martin och alla och envar av de andra som ovan nämnts, vilka en skrivelse av detta slag på något sätt berör, alldeles som om själva skrivelsen på en anslags- och publiceringsdag av detta slag skulle ha lästs upp och meddelats dem, då det inte är sannolikt att det som sker så öppet, bör förbli okänt hos dem.

20. Må de apostoliska förordningarna och anvisningarna inte stå i vägen,[65] eller om det för alla och envar av de ovannämnda eller för någon av dem eller för vilka andra det vara må

---

[64] Lat. *Alma Urbs,* d.v.s. Rom.
[65] ”Non obstantibus constitutionibus et ordinationibus apostolicis” är en s.k. *derogatio* eller *sanctio derogativa,* en standardfras som ofta används i påvliga encyklikor, varigenom eventuella äldre mot den aktuella encyklikan stridande förordningar och anvisningar upphävs.

existerar ett indult eller ett medgivande som tidigare utfärdats av den apostoliska stolen eller någon som har myndighet från denna under vilken form det vara må, även biktens, och med vilka förbehåll, även de strängaste, detta än må vara försett eller av vilket skäl eller betydelsefullt övervägande det än må ha utfärdats, att de inte kan förklaras under interdikt, suspenderas eller exkommuniceras genom en apostolisk skrivelse, om den inte gör ett fullt och uttryckligt och ordagrant omnämnande av ett sådant indult och inte betecknar detta genom generella klausuler, må man hålla ett sådant indults lydelse, orsaker och former som om de ordagrant infogats, så att de helt upphävs, genom att föreliggande skrivelse gäller för att uttryckligen inbegripa dem.

21. Det är alltså fullständigt otillåtet för någon människa att omintetgöra denna sida av vårt fördömande, vår förkastelsedom, vårt avvisande, vårt dekret, vår deklaration, vårt förbud, vår viljeyttring, vårt påbud, vår förmaning, vår vädjan, vår begäran, vår tillrättavisning, vår anvisning, vårt medgivande, vår dom, vårt underkastande, vår bannlysning och vårt anatema eller i fräck förmätenhet gå emot detta. Om någon emellertid understår sig att försöka sig på detta, skall han veta att han ådrar sig den allsmäktige Gudens och de saliga apostlarnas Petri och Pauli harm.

Avgiven i Rom, hos den helige Petrus, den 15 juni 1520, i vårt pontifikats åttonde år.

Decet Romanum Pontificem

*Dom och bannlysning av kättaren Martin Luther och hans an-
hängare. Fördömande av samme Martins fel vid konsistorium
med biskop Leo, Guds tjänares tjänare, till evärdlig åminnelse.*

Eftersom den romerske påven är insatt som utdelare av and-
liga och världsliga straff för en mångfald av förseelser till un-
dertryckande av de skändliga bemödanden som görs av för-
vända människor, vilka en skadlig viljas depraverade nit
snärjt så till den grad, att de utan fruktan för Gud och under
åsidosättande och ringaktning av kanoniska sanktioner och
påbud icke blyges för att utfundera nya och falska läror och i
Kyrkan införa en skändlig schism eller visa ynnest mot, hjäl-
pa och ansluta sig till de schismatiker som själva ivrigt är sys-
selsatta med att sönderslita vår Frälsares sömlösa klädnad och
den ortodoxa trons enhet, höves det honom genom den ho-
nom av Gud givna myndigheten, att, för att Petri bark inte
skall synas segla utan styrman och rorsman, strängt stå upp
emot sådana och deras anhängare och både genom straffens
skärpning och i övrigt med lämpligt botemedel tillse, att inte
dessa föraktare, hemfallna åt ett förtappat sinnelag, och an-
hängare till dem genom falska förklaringar och sina lömska
ondskefullheter bedrar det enkla folket och drar det med sig
i samma fel och förödelse och fördärvar det likasom med en
smittsam sjukdom, och att till större smälek för de fördömda
själva offentligen visa för alla kristtrogna och öppet förklara,
huru förskräckliga kyrkliga och andra straff som dessa riske-
rar att dömas till, på det att de själva, så förklarade och of-
fentligt avslöjade [som kättare], ja, så till den grad utskämda
och av ånger rörda att komma till sans och som en följd av
samma bannlysningars och anatematas förbud mot umgänge

och gemenskap [med dem] och även lydnad [mot dem], drar sig tillbaka, för att de skall undgå den gudomliga hämnden och i minsta möjliga mån bli delaktiga av domen mot dem.

1. Ja, på annat ställe, då vissa falska utövare av tron, sökande världens ära, etc. [Här rekapituleras innehållet i den föregående bullan *Exsurge Domine*].[66]

2. Men då, som vi förnummit, låt vara att efter skrivelsens anslående och publikation, efter utlöpandet av den tidsgräns eller de tidsgränser av detta slag som vi fastslagit i skrivelsen (att dessa tidsgränser har löpt ut och är utlöpta för alla kristtrogna, förklarar vi och gör veterligt genom föreliggande skrivelse), några av dem, som följt denne Martins irrläror, sedan de erhållit kännedom om vår skrivelse och våra förmaningar och påbud och i en sundare rådklokhets anda kommit till sans, bekänt sina fel, i våra händer avsvurit sig heresien och omvänt sig till den sanna katolska tron, erhållit absolutionens välsignelse i enlighet med den samma nuntier[67] ovanifrån medgivna myndigheten samt i vissa städer och på vissa platser i nämnda Tyskland den sagde Martins böcker och skrifter i enlighet med våra påbud offentligen bränts, likväl den åt ett förtappat sinnelag hemfallne Martin själv (vilket vi berättar inte utan svår sorg i själen och upprördhet i vårt sinne) inte blott har försmått att återkalla sina fel inom den stipulerade tidsfristen och att göra oss underkunniga om ett återkallande av detta slag eller att komma till oss, utan även som en för-

---

66 Texten här utelämnas i de flesta utgåvor, men finns med i den kritiska utgåvan av Iserloh/Fabisch.

67 Dessa har omnämnts i den utelämnade rekapitulationen av *Exsurge Domine*.

argelseklippa ogenerat skrivit och predikat värre saker än tidigare mot oss och denna heliga stol och den katolska tron och uppviglat andra därtill, därför, liksom han själv nu är förklarad som kättare, ådrar sig på samma sätt även andra, även av en icke ringa myndighet och värdighet, vilka, glömska av sin egen frälsning, offentligt och notoriskt ansluter sig till samme Martins pestsmittade sekt av kättare och öppet och offentligt skänker honom hjälp, råd och ynnest och bland de sina uppmuntrar samme Martin i olydnad och halsstarrighet, och andra åter, vilka förhindrar publikationen av sagda skrivelse, de i sagda skrivelse nämnda straffen till sin fördömelse och är av egen förskyllan att hållas för kättare och att skys av alla kristtrogna i enlighet med apostelns ord: "Undvik en kättersk människa efter en första och andra tillrättavisning, vetande, att en sådan människa är förvänd och begår synd, då hon är dömd genom sin egen dom."[68]

3. Såsom de alltså förbinder sig med Martin och andra bannlysta och av anatema träffade och välförtjänt vanfrejdade kättare och sålunda följer den sagde Martins halsstarrighet i att begå brott, så må de också bli delaktiga i hans straff och namn och så må de bära lutheranens[69] beteckning och förtjänta straff, sedan det tidigare anförda gjorts så till den grad uppenbart och allmänt känt och vi vidhåller detta så, för att de inte skall sakna något bevis, någon förmaning eller något belägg, i enlighet med att vi beslutar och deklarerar att så skall vara Martin och de andra, som följer samme Martin, envis i sitt fördärvade och fördömda företag, så även de, som t.o.m.

---

⁶⁸ Tit. 3:10-11.

⁶⁹ Mirbt-Aland har här "Luthers beteckning och förtjänta straff".

försvarar honom med militär trupp, skyddar honom och inte blyges att understödja honom med egna resurser eller eljest på vad sätt det vara må och understått sig och understår sig att på vad sätt det vara må ge honom hjälp, råd och ynnest och understödja honom, vilkas namn och efternamn och rang, även om de glänser i vilken upphöjd och storslagen ställning det vara må, vi vill skall hållas för uttryckligen utpekade genom denna skrivelse, som om de uttryckligen nämnts vid namn och genom deras publicerande vid det ikraftträdande av föreliggande skrivelse, som skall göras, skulle kunna uttryckligen nämnas vid namn; vi fastslår att de till egen fördömelse har ådragit sig bannlysning och även anatema och desslikes även evig vanfrejd och interdikt och förlust för dem och deras ättlingar av äreställen, hedersämbeten och egendomar och obehörighet till dessa och desslikes konfiskation av egendomar och majestätsbrott och även andra domsutslag, kyrkostraff och straff stadgade mot kättare av den kanoniska lagen såsom i sagda skrivelse specificerats.[70]

4. Och vi förklarar med apostolisk myndighet genom föreliggande skrivelse att även stater, länder, borgar, städer och platser, i vilka de då för en tid har uppehållit sig eller till vilka de råkat smita iväg, och vad som i dessa finns och eljest även katedraler och metropolitkyrkor, kloster och andra religiösa och fromma platser, även de med exemption och de utan exemption, skall överallt vara underkastade kyrkligt interdikt,

---

[70] I de olika tryckta versionerna av denna i tidens komplicerade kurialstil avfattade - och i det latinska originalet grammatiskt också på någon punkt litet märkliga passus - förekommer varianter med något olika interpunktion och även vissa förslag till emendationer. Översättningen baserar sig i detta fall på Le Plats interpunktionsförslag.

så att så länge som detta varar ingen mässa eller annan gudstjänst kan firas, inte ens under förevändning av vilket apostoliskt indult det vara må, förutom i de fall det rättsligt tillåts, och i dessa fall inte på annat sätt än inom lykta dörrar och under utestängande av de av bannlysning och interdikt träffade, och vi befaller och bjuder att dessa skall tillkännagivas och offentligt förklaras som under bannlysning, anatema, vanfrejd och interdikt, avsatta och otjänliga till ämbete på vilka platser det vara må och att de strängt skall skys av alla kristtrogna.

5. Och för att Martins och hans följeslagares och andra uppstudsigas envisa förmätenhets fräckhet till så stort förakt för Guds egen Kyrka skall bli känt bland alla, för att inte ett sjukt kreatur skall smitta hjorden och den ofördärvade delen därav ådra sig sjukan, bjuder vi alla och envar, patriarker, ärkebiskopar, biskopar, prelater i patriark- och metropolitkatedraler och i kollegiatskyrkor, kapitel och kyrkliga personer, ordenspersoner av vilken orden det vara må, även av tiggarordnarna med eller utan exemption, varhelst de är etablerade, i kraft av den heliga lydnaden och vid äventyr av straff i form av automatisk exkommunikation, att de själva och vem det vara må av deras [underlydande], om också efter ikraftträdandet av föreliggande skrivelse de uppfordras därtill, inom tre dagar, varav vi tilldelar den ena för den första, den andra för den andra och den kvarvarande för den tredje, slutgiltiga tidsfristen och den tidigare nämnda kanoniska varningen, offentligen i sina kyrkor på söndagarna och andra festdagar (medan en större mängd av folket kommer tillsammans därinne till gudstjänst) med korsets banér, kyrkklockornas ringande och tända och därefter släckta, på marken kastade och söndertrampade ljus, med trefaldigt stenkast och de övriga ceremo-

nier som plägar iakttas vid liknande tillfällen tillkännage och låta och bjuda andra att tillkännage samme Martin och övriga som bannlysta, under anatema, i vanfrejd och förklarade som kättare, förhärdade, under interdikt, avsatta och otjänliga till ämbete och vid föreliggande skrivelses verkställighet nämnda vid namn och att de nogsamt skall skys av alla kristtrogna. Till större smälek för den förutnämnde Marin och de övriga ovannämnda kätterska anhängarna, efterföljarna och tillskyndarna bjuder vi därtill i kraft av den heliga lydnaden alla och envar av patriarkerna, ärkebiskoparna, biskoparna och andra kyrkors prelater att såsom de själva, enligt Hieronymos, inrättats till att undanröja schismer, de nu så i denna pressande nödsituation, såsom ämbetet bjuder dem, inrättar sig själva som en mur framför det kristna folket, inte genom att tiga som stumma hundar odugliga till att skälla, utan genom att oavbrutet ropa och upphöja sin röst och predika och låta predika Guds ord och den katolska trons sanning mot de fördömda teserna och ovannämnda heretiker.

6. Och desslikes bjuder vi alla och envar av församlingskyrkornas föreståndare och föreståndarna för vilken orden det vara må, även tiggarordnarna med eller utan exemption, såsom nämnts tidigare, på samma sätt i kraft av den heliga lydnaden att liksom de själva är inrättade av Herren som moln, de så icke må blygas att sprida ett andligt regn[71] över Guds folk och offentligen predika mot de ovannämnda fördömda teserna, som tidigare sagts och som även ämbetet bjuder dem. Ty det är skrivet att den fullkomliga kärleken driver ut

---

[71] Jfr Pred. 11:3.

fruktan.[72] Därför må ni och var och en av er, när ni med hängivet sinne åtar er en så förtjänstfull saks börda, i dess utförande visa er så noggranna och flitiga och noggranna i ord och handling, att ur era mödor, om den gudomliga nåden står oss bi, de frukter som vi hoppas på infinner sig och ni genom vår sorgfällighet inte blott gör er förtjänta att uppnå den ärans palm, som såsom gottgörelse tillkommer dem som vinnlägger sig om fromma värv, utan gör er icke utan förtjänst värdiga att rikligen anbefallas för er noggranna iver även hos oss och den tidigare nämnda [apostoliska] stolen.

7. Men eftersom det vore svårt att överbringa föreliggande tillkännagivande- och kungörelseskrivelse personligen till Martins och de övriga utpekades och så bannlystas egen person till följd av deras gynnares makt, vill vi att anslåendet och publikationen av föreliggande skrivelse, sedan den gjorts på dörrarna till två katedraler eller två metropolitkyrkor eller en katedral och en metropolitkyrka belägna i sagda Tyskland genom en av våra där befintliga nuntier, så skall binda och förpliktiga dem och peka ut Martin och de övriga angivna och så fördömda, som om den hade meddelats och framlagts för dem och var och en av dem i egen hög person.

8. Och eftersom det även skulle vara svårt att överbringa föreliggande skrivelse till de olika enskilda platserna, i vilka dess publicerande vore av nöden, vill vi och beslutar vi med förutnämnd auktoritet att det överallt skall skänkas tilltro till avskrifter därav, försedda med någon kyrklig prelats sigill eller verifierade av våra förutnämnda nuntier och underteck-

---

nade med någon notarius publicus' hand som det skulle skänkts tilltro till föreliggande originalskrivelse, om den hade uppvisats och företetts.

9. Må inte de apostoliska förordningarna och anvisningarna och alla de utsagor som vi i vår förutnämnda tidigare skrivelse har velat inte skall stå hindrande i vägen och vilka andra som helst som går däremot stå i vägen.

10. Det är alltså fullständigt otillåtet för någon människa att omintetgöra denna sida av vår förordning, vår deklaration, vårt påbud, vår förmaning, vår anvisning, vår viljeyttring och vårt dekret eller i fräck förmätenhet gå emot detta. Om någon emellertid understår sig att försöka sig på detta, skall han veta att han ådrar sig den allsmäktige Gudens och de saliga apostlarnas Petri och Pauli harm.

Avgiven i Rom, hos den helige Petrus, den 3 januari 1521, i vårt pontifikats åttonde år.

Appendix: Pius IV:s trosbekännelse

Nedan återges Pius IV:s trosbekännelse, även känd som den tridentinska eller pianska trosbekännelsen, jämte en svensk översättning hämtad från första upplagan av bönboken *Oremus*. Denna trosbekännelse har här medtagits, då den, förutom att den ger en ypperlig sammanfattning av den katolska tron i sin helhet, är särskilt klargörande rörande de punkter, där denna skiljer sig från den lutherska heresien. Trosbekännelsen, som första gången publicerades den 13 november 1564 i Pius IV:s encyklika *Iniunctum nobis,* modifierades något efter första vatikankonciliet (1869-70), då passusen om första vatikankonciliet och påvens primat och ofelbarhet tillkom (s. 78f).

Professio fidei Tridentina
(iuxta formam Pianam)

Ego N... firma fide credo et profiteor omnia et singula quæ continentur in symbolo Fidei quo sancta Romana Ecclesia utitur, videlicet :

Credo in unum Deum, Patrem omnipotentem, factorem cæli et terræ, visibilium omnium et invisibilium. Et in unum Dominum Jesum Christum, Filium Dei unigenitum; et ex Patre natum ante omnia sæcula; Deum de Deo, lumen de lumine, Deum verum de Deo vero; genitum, non factum; consubstantialem Patri, per quem omnia facta sunt; qui propter nos homines, et propter nostram salutem descendit de cælis; et incarnatus est de Spiritu Sancto ex Maria Virgine, et homo factus est; crucifixus etiam pro nobis, sub Pontio Pilato passus, et sepultus est; et resurrexit tertia die secundum Scripturas; et ascendit in cælum; sedet ad dexteram Patris; et iterum venturus est cum gloria judicare vivos et mortuos; cujus regni non erit finis. Et in Spiritum Sanctum, Dominum et vivificantem; qui ex Patre Filioque procedit, qui cum Patre et Filio simul adoratur et conglorificatur; qui locutus est per Prophetas. Et Unam, Sanctam, Catholicam et Apostolicam Ecclesiam. Confiteor unum Baptisma in remissionem peccatorum; et exspecto resurrectionem mortuorum, et vitam venturi sæculi. Amen.

Apostolicas et ecclesiasticas traditiones, reliquasque ejusdem Ecclesiæ observationes et constitutiones firmissime admitto et amplector.

Den tridentinska eller pianska trosbekännelsen

Jag N. N. tror fullt och fast och bekänner alla och hvar och en af de artiklar, hvilka innehållas i den trosbekännelse, som den heliga romerska kyrkan begagnar, nämligen:

Jag tror på en Gud, den allsmäktige Fadern, himmelens och jordens, alla synliga och osynliga tings skapare. Och på en Herre Jesus Kristus, Guds enfödde Son, som från evighet är född af Fadern, Gud af Gud, ljus af ljus, sann Gud af sann Gud; född, icke gjord, af samma väsen med Fadern; genom hvilken allting är gjordt; som för oss människor och för vår frälsnings skull nedsteg från himmelen. Och han antog kött genom den Helige Ande af Jungfru Maria och vardt människa. Han blef ock korsfäst för oss, under Pontius Pilatus, pinad och begrafven; och uppstod på tredje dagen enligt skrifterna samt uppfor till himmelen; sitter på Faderns högra hand och skall återkomma med härlighet att döma lefvande och döda, och på hans rike skall icke vara någon ände. Jag tror ock på den Helige Ande, Herren och lifgifvaren, som utgår af Fadern och Sonen, som tillika med Fadern och Sonen tillbedes och förhärligas, som har talat genom profeterna. Och på den ena, heliga, katolska och apostoliska kyrkan. Jag bekänner ett dop till syndernas förlåtelse och förväntar de dödas uppståndelse och den tillkommande evighetens lif. Amen.

Jag gillar och antager orubbligt de apostoliska och kyrkliga traditionerna och samma kyrkas öfriga stadgar och författningar.

Item sacram Scripturam, juxta eum sensum quem tenuit et tenet sancta Mater Ecclesia, cujus est judicare de vero sensu et interpretatione sacrarum Scripturarum admitto; nec eam umquam, nisi juxta unanimem consensum Patrum, accipiam et interpretabor.

Profiteor quoque septem esse vere et proprie Sacramenta novæ Legis, a Jesu Christo Domino nostro instituta, atque ad salutem humani generis, licet non omnia singulis, necessaria; scilicet : Baptismum, Confirmationem, Eucharistiam, Pœnitentiam, Extremam Unctionem, Ordinem, et Matrimonium; illaque gratiam conferre; et ex his Baptismum, Confirmationem et Ordinem sine sacrilegio reiterari non posse.

Receptos quoque et approbatos Ecclesiæ Catholicæ ritus, in supradictorum omnium Sacramentorum solemni administratione, recipio et admitto.

Omnia et singula qua de peccato originali et de justificatione in sacrosancta Tridentina Synodo definita et declarata fuerunt amplector et recipio.

Profiteor pariter in Missa offerri Deo verum, proprium, et propitiatorium sacrificium pro vivis et defunctis; atque in sanctissimo Eucharistiæ sacramento esse vere, realiter, et substantialiter corpus et sanguinem, una cum anima et divinitate Domini nostri Jesu Christi; fierique conversionem totius substantiæ panis in Corpus, et totius substantiæ vini in Sanguinem; quam conversionem Catholica Ecclesia Transsubstantiationem appellat. Fateor etiam sub altera tantum specie totum atque integrum Christum, verumque sacramentum sumi.

Likaledes antager jag den heliga skrift efter den mening, som den heliga modern, kyrkan, hvilken tillkommer att döma öfver de heliga skrifternas sanna mening och tolkning, vidhållit och vidhåller; och jag skall aldrig antaga och tolka dem annorlunda än enligt de helige fädernas enhälliga öfverensstämmelse.

Jag bekänder desslikes, att i det nya förbundet finnas sju verkliga och egentliga sakrament, instiftade af vår Herre Jesus Kristus, och nödvändiga, ehuru väl icke alla för en hvar, till människosläktets frälsning, nämligen: döpelsen, bekräftelsen, altarets sakrament, boten, sista smörjelsen, prästvigningen och giftermålet; att dessa sakrament meddela Guds nåd samt att af dem döpelsen, bekräftelsen och prästvigningen utan helgerån icke kunna upprepas.

Jag antager och gillar äfven de af katolska kyrkan antagna och stadfästa ceremonier, som begagnas vid alla de ofvannämnda sakramentens högtidliga förvaltning.

Jag antager och godkänner allt i gemen och hvart och ett för sig, som på det högtheliga tridentiska kyrkomötet är afgjordt och bestämdt om arfsynden och rättfärdiggörelsen.

Likaledes bekänner jag, att i den heliga mässan frambäres åt Gud ett sannt, egentligt och försonande offer för lefvande och döda, att vår Herres Jesu Kristi lekamen och blod tillika med hans själ och gudom sannerligen, verkligen och väsentligen är närvarande i altarets allra heligaste sakrament; samt att det sker en förvandling af hela brödets väsen till hans lekamen och af hela vinets väsen till hans blod, hvilken förvandling af den katolska kyrkan kallas transsubstantiation. Jag bekänner ock, att man under endera gestalten mottager Kristus hel och odelad och anammar ett sannt sakrament.

Constanter teneo Purgatorium esse, animasque ibi detentas fidelium suffragiis juvari.

Similiter et Sanctos una cum Christo regnantes, venerandos atque invocandos esse; eosque orationes Deo pro nobis offerre; atque eorum Reliquias esse venerandas. Firmiter assero imagines Christi ac Deiparæ semper Virginis, nec non aliorum Sanctorum, habendas et retinendas esse, atque eis debitum honorem et venerationem impertiendam.

Indulgentiarum etiam potestatem a Christo in Ecclesia relictam fuisse, illarumque usum Christiano populo maxime salutarem esse affirmo.

Sanctam, Catholicam et Apostolicam Romanam Ecclesiam omnium Ecclesiarum matrem et magistram agnosco; Romanoque Pontifici, beati Petri Apostolorum Principis successori, ac Jesu Christi Vicario, veram obedientiam spondeo ac juro.

Cetera item omnia a sacris Canonibus et œcumenicis Conciliis, ac præcipue a sacrosancta Tridentina Synodo et ab œcumenico Concilio Vaticano tradita, definita ac declarata, præsertim de Romani Pontificis primatu et infallibili magisterio, indubitanter recipio atque profiteor; simulque contraria omnia, atque hæreses quascumque ab Ecclesia damnatas, rejectas et anathematizatas, ego pariter damno, rejicio, et anathematizo.

Jag tror orubbligt, att en reningsort finnes, och att de själar, som därstädes förvaras, genom de troendes förböner hjälpas.

Sammaledes tror jag, att man bör ära och åkalla de heliga, som tillsammans med Kristus regera, att de för oss frambära böner till Gud, samt att man bör hålla deras reliker i ära. Jag förklarar på det bestämdaste, att man får äga och behålla Kristi, Guds moders, den alltid rena Jungfruns, och andra heligas bilder, och att man bör visa dem skyldig ära och vördnad.

Äfvenledes bekänner jag, att Kristus har efterlämnat sin kyrka makten att meddela aflat, samt att dess bruk är högst gagneligt för det kristliga folket.

Jag erkänner den heliga, katolska och apostoliska romerska kyrkan för alla kyrkors moder och lärarinna; och jag lofvar och svär den romerske biskopen, den helige apostlafursten Petri efterträdare och Jesu Kristi ståthållare, sannskyldig lydnad.

Likaledes antager och bekänner jag som otvifvelaktigt sannt allt det öfriga, som genom de heliga kyrkostadgarna och af de allmänna kyrkomötena, särskildt af det högtheliga tridentiska kyrkomötet och af det allmänna vatikanska konciliet blifvit öfverlämnadt, afgjordt och bestämdt, i synnerhet angående den romerske biskopens företräde och hans ofelbara läroämbete. Allt det åter, som strider däremot, samt alla villfarelser, som kyrkan fördömt, förkastat och bannlyst, fördömer, förkastar och bannlyser jag sammaledes.

Ego N... hanc veram Catholicam Fidem, extra quam nemo salvus esse potest, quam in præsenti sponte profiteor et veraciter teneo, eamdem integram et inviolatam usque ad extremum vitæ spiritum constantissime, Deo adjuvante, retinere et confiteri, atque a meis subditis, seu illis quorum cura ad me in munere meo spectabit et teneri, doceri et prædicari, quantum in me erit, curaturum, ego idem N... spondeo, voveo, ac juro. Sic me Deus adjuvet, et hæc sancta Dei Evangelia.

(ur *Rituale Romanum Pauli V Pontificis Maximi jussu editum aliorumque pontificum cura recognitum atque ad normam codicis juris canonici accomodatum SSMI D. N. Pii Papæ XII auctoritate ordinatum et auctum editio iuxta typicam,* Typis Societatis S. Joannis Evangelistæ Desclée & Cie, Romæ, Tornci, Parisiis, 1954 (?), Impr. 1952, ss. [13]-[16] i Addenda)

Denna sanna och katolska tro, utan hvilken ingen kan varda salig, och hvilken jag nu frivilligt bekänner och uppriktigt antager, vill jag med Guds hjälp intill mitt sista andedrag ren och obesmittad bevara och ståndaktigt bekänna, samt såvida jag kan hafva omsorg att densamma hålles, läres och predikas af mina underhafvande och af dem, hvilkas omvårdnad mitt kall ålägger mig. Detta utfäster, lofvar och svär jag N. N., så sannt mig Gud hjälpe och detta hans heliga evangelium.

(ur Pastor J. P. E. Benelius (utg.): *Oremus: Katolsk bönbok för den offentliga gudstjänsten och till enskildt bruk,* Stockholm, 1909, ss. 749-752)

Acta Academiae Catholicae Suecanae/ Svenska Katolska Akademiens handlingar

6. Pierre-Joseph de Clorivière, S.J.: **Tankar om yttre och inre bön**; Stockholm 2013
    Mjukband: ISBN 978-91-7463-413-6, riktpris 99 SEK
    Inbunden: ISBN 978-91-7463-242-2, riktpris 250 SEK

7. S:t Thomas ab Aquino: **Kommentar till Johannes-prologen**; Stockholm 2015
    Inbunden: ISBN 978-91-7463-644-4, riktpris 225 SEK

8. Jon Peter Wieselgren: **Påve och kuria**; Stockholm, 2015
    Inbunden: ISBN 978-91-7463-651-2, riktpris 271 SEK

9. Michael Davies: **Den romerska mässan - en kortfattad historik**; Stockholm, 2015
    Mjukband: ISBN 978-91-7463-664-2, riktpris 28 SEK
    Inbunden: ISBN 978-91-7463-666-6, riktpris 149 SEK

10. Leo X: **Två bullor mot Martin Luther: Exsurge Domine och Decet Romanum Pontificem**; Stockholm, 2016
    Mjukband: ISBN: 978-91-7699-749-9, riktpris 33 SEK
    Inbunden: ISBN: 978-91-7699-750-5, riktpris 195 SEK

11. Joel S. Peters: **Skriften allena? 21 anledningar att förkasta "sola scriptura"**; Stockholm, 2016
    Mjukband: ISBN: 978-91-7699-267-8, riktpris 30 SEK

12. Ingela Persson: **Sankt Olof (995-1030)**, Stockholm, 2017
    Mjukband: ISBN: 978-91-7699-611-9, riktpris 32 SEK
    Inbunden: ISBN: 978-91-7699-729-1, riktpris 110 SEK

Beställ via bokhandeln - se
http://katolska-akademien.se/Acta.aspx!